Ihre Kindheit im Pfarrhaus in Templin zu Zeiten der DDR beschreibt Angela Merkel in einem Interview mit dem Magazin „Credo“ als „anregend“ und zugleich „idyllisch“. Der Waldhof am Rande der Stadt war dabei kein gewöhnliches Pfarrhaus. Ihr Vater betrieb auf dem Gelände eine Weiterbildungseinrichtung für Pfarrer, wodurch Merkel viele Menschen kennenlernen konnte. Ein „offenes Haus“, sei das gewesen, erzählt sie. Zum anderen lebten auf dem Hof geistig Behinderte in einer Einrichtung der Diakonie, auch das habe sie bereichert. Schließlich hat Merkel auf dem Hof die Nähe zum bäuerlichen Leben und zur Natur geliebt. Vom Gärtner des Waldhofs habe sie gelernt, wie man Alpenveilchen pikiert, berichtet sie einmal über ihre frühen Jahre.

Bundeskanzlerin Angela Merkel
und Papst Franziskus bei einer
Privataudienz am 18. Mai 2013.

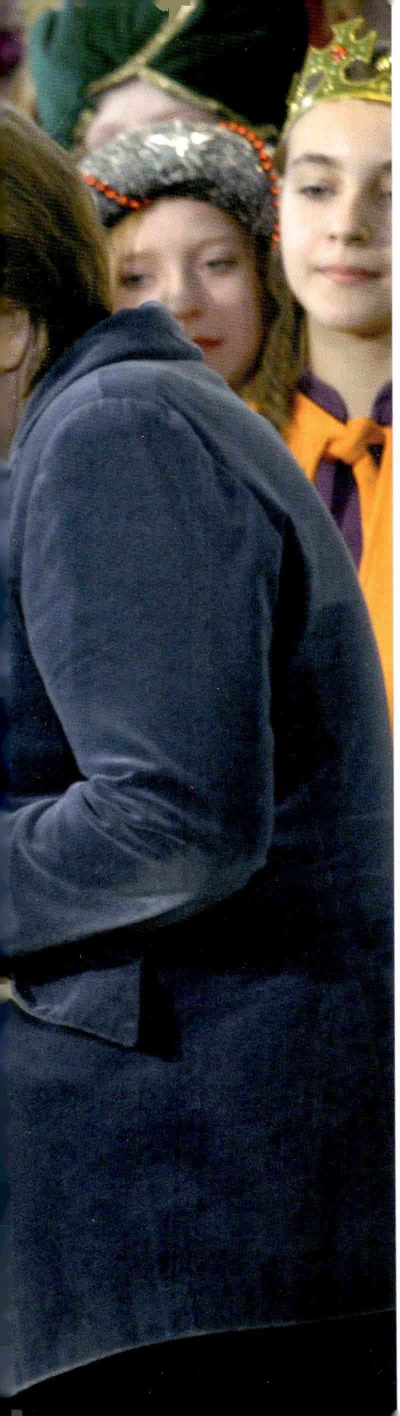

Angela Merkel empfängt am 5. Januar 2012 die Sternsinger aus allen 27 deutschen Diözesen im Bundeskanzleramt in Berlin. Die Kanzlerin empfing die 108 Mädchen und Jungen, die den Sternsinger-Segensspruch an eine Mauer im Kanzleramt anschrieben.

Der katholische Bischof Aloysius Jin zeigt Angela Merkel die St. Ignatius-Kathedrale in Shanghai, 23. Mai 2006.

Angela Merkel malt im Mai 2006 auf dem 96. Deutschen Katholikentag in Saarbrücken gemeinsam mit Kindern an einem Ölbild mit einem Schmetterlingsmotiv.

Angela Merkel
Daran glaube ich

Angela Merkel
Daran glaube ich

CHRISTLICHE STANDPUNKTE

Hg. von Volker Resing

benno

Fotos:
1-2,4-5: © picture-alliance
3: © KNA-Bild

Bibliografische Information der Deutschen Nationalbibliothek
Die Deutsche Nationalbibliothek verzeichnet diese Publikation in der Deutschen Nationalbibliografie; detaillierte bibliografische Daten sind im Internet über http://dnb.d-nb.de abrufbar.

Besuchen Sie uns im Internet unter:
www.st-benno.de

Gern informieren wir Sie unverbindlich und aktuell auch in unserem Newsletter zum Verlagsprogramm, zu Neuerscheinungen und Aktionen. Einfach anmelden unter www.st-benno.de.

ISBN 978-3-7462-3774-9

Umschlaggestaltung: Ulrike Vetter, Leipzig
Umschlagfoto: © Guido Bergmann/Bundesbildstelle
Gesamtherstellung: Kontext, Lemsel (A)

Inhalt

Die Protestantin

Einführendes Porträt von Volker Resing

Für manche ist Angela Merkel die mächtigste Frau der Welt. Seit acht Jahren regiert sie Deutschland. Seit 13 Jahren ist die 58-Jährige die Vorsitzende der CDU. In der Eurokrise halten sie manche für die Königin des Kontinents – andere auch für die strenge Finanz-Diktatorin. Die Kanzlerin hat als Krisenmanagerin den vorläufigen Zenit ihrer Macht erreicht. Und doch ist sie die untypische Politikerin geblieben. Schwer zu fassen, wie viele Beobachter meinen, schwer einzuordnen. Ganz besonders gilt das für ihren Glauben.

Der Glaube von Angela Merkel war lange in der Öffentlichkeit kaum zu sehen. Sie hat das persönliche Bekenntnis eigentlich für eine Privatsache gehalten. In frühen Interviews stellt sie sich auch als Zweiflerin vor, als jemand, der auch hadert mit Gott. Noch in den frühen 90er Jahren, als Ministerin in den Kabinetten von Helmut Kohl, aber wird sie Vorsitzende des Evangelischen Arbeitskreises der Union und besucht die Evangelischen Kirchentage. Mit Bibelarbeiten tritt sie auf, die nun nachzulesen sind. Doch die Zurückhaltung bleibt und verstärkt sich im Laufe der Karriere. Sie war mit dem früheren Domprediger des Berliner Doms seit Studienzeiten befreundet. Noch heute wohnt sie in Sichtweite des prächtigen preußischen Gotteshauses. Warum sehe ich Dich nie bei uns, soll der Freund gefragt haben. Sie wolle beim Beten nicht beobachtet werden, soll sie gesagt haben. So meidet sie Kirchen als Privatperson.

Inzwischen verwendet sie religiöse Formeln häufiger und bekennt sich zu ihrem Christentum. „Religion ist mein ständiger Begleiter", sagt sie in einem Gespräch mit einer Theologiestudentin, das am Ende dieses Bandes nachgedruckt ist. Sie hat in gewisser Weise gelernt, dass in einer Gesellschaft, in der Glaube und Kirchlichkeit schwinden, es einen Unterschied macht, wie die Kanzlerin sich dazu verhält. Die gelernte DDR-Bürgerin Merkel hat als Pfarrerstochter früh zu spüren bekommen, dass Religion eine zutiefst politische – und unerwünschte – Sache ist. Insofern war es nach der Wiedervereinigung zunächst auch ein Akt der Freiheit für sie, nun mit dem Glauben tatsächlich ganz privat umgehen zu können. Doch für eine Kanzlerin ist nahezu nichts privat, ganz sicher nicht das religiöse Bekenntnis. So ist ihr Glaube wieder ein Politikum geworden.

Alles, was die Kanzlerin macht, steht unter dem Machtvorbehalt, alles kann auch als Taktik und Strategie ausgelegt werden. Und so sind ihre Reden zur Religion und auch ihre persönlichen Einwürfe zu Glaubensfragen immer der entsprechenden Deutung ausgesetzt. So lässt sich über den Glauben der Kanzlerin eigentlich gar nichts Endgültiges sagen, aber durchaus etwas darüber, wie er in ihrem öffentlichen Auftreten aufscheint, in welcher Weise sie ihn thematisiert. Ein emotionaler Ausbruch bei einer Fraktionssitzung mag da schon als recht authentischer Ausdruck ihres Denkens gelten. Selbstverständlich müsse man für den Glauben werben, erklärte Merkel vor einigen Jahren ihren überraschten Zuhörern in der nichtöffentlichen Runde ihrer Parteifreude. Sie reagierte damit auf einen resignierten Einwurf eines Kollegen. Mission sei zwecklos, sagte dieser, das Christentum auf dem Rückzug. Empört sei die Kanzlerin und CDU-Chefin da gewesen, berichten Augenzeugen. Selbstverständlich müsse man für seinen Glauben einstehen, so die Pfarrerstochter in unge-

wohnt kämpferischem Ton. „Schauen sie sich mal an, was mein Vater im Osten macht.“ Für den Glauben werben. Damals lebte ihr Vater noch, der seinen Ruhestand damit verbrachte, Glaubenskurse für Erwachsene zu erteilen.
Merkel ist keine Missionarin. Merkel ist von einer in der Mediendemokratie bisweilen provozierend kühlen Zurückhaltung. Am liebsten verbringt die Bundeskanzlerin ihre freie Zeit allein mit ihrem Mann Joachim Sauer in ihrem Ferienhaus in der Uckermark. Völlig abgeschieden. Nur mit einem kleinen See nebenan. Die Datsche, wie die Berliner liebevoll sagen, hat sie schon gut 20 Jahre. Und die Nachbarn wissen zu berichten, die Merkel habe sich die Zeit über kaum verändert. Nur laufe jetzt mehr Polizei durchs Dorf. Sie scheint mit allen machtpolitischen Wassern gewaschen, entzieht sich immer wieder gern den Mechanismen und Gepflogenheiten des Politikbetriebs. Weder den Glamour bedient sie in der Art, wie das etwa Karl-Theodor zu Guttenberg gemacht hat, noch nutzt sie das Berliner Parkett zur permanenten Selbstdarstellung. Sie bleibt bisweilen furchtbar spröde – und manche warten auf eine große emotionale Rede schon lange vergeblich. Nur eins hat sie mit vielen gemeinsam, sie will erfolgreich sein. Und ist es auch.
Im Süddeutschen Magazin beantwortete Merkel vor einiger Zeit kurze Fragen von Prominenten mit knappen Antworten. Die Antwort auf die Frage des Piraten-Politikers Johannes Ponader war dabei pointiert wie geschickt und offenbarte doch etwas von ihrer eigenen Geisteshaltung. Ponader hatte gefragt: „Stellen Sie sich vor, ich werde Ihr Nachfolger. Welche drei Dinge geben Sie mir als Tipps mit auf den Weg?“ Merkel antwortete schlicht und geradezu prophetisch: „Luthers Bibelübersetzung Spr. 16,18. ‚Wer zu Grunde gehen soll, der wird zuvor stolz; und Hochmut kommt vor dem Fall.‘“

Wer Angela Merkel verstehen will, muss sich auch ihr unpolitisches Vorleben anschauen. Ihr Aufstieg ist so unwahrscheinlich wie ungewöhnlich. Als die Mauer fiel, war sie 35 Jahre alt, hatte in Leipzig und Ostberlin studiert und in Physik promoviert, ihre erste Ehe war geschieden worden. Mit Politik hatte sie noch im engeren Sinn nichts zu tun gehabt. Sie arbeitete in einem Forschungsinstitut am Rande Berlins – und langweilte sich. Angela Merkel interessierte sich für Konzerte und Theater. Bei der FDJ, der Jugendorganisation des DDR-Regimes, wurde sie auf der Ebene des Uni-Instituts als Sekretärin für Agitation und Propaganda geführt. Dadurch kam sie an Karten, die für sie sonst nicht zu haben waren. „Ich habe das unfreie System im Osten gehasst", so sagt sie. Doch sie habe im gewissen Umfang mitgespielt, um nicht unterzugehen. Die Diktaturerfahrung und der Systemwechsel bleibt erhalten – ein Leben lang. Das gilt auch für entsprechende Debatten, die sich immer wieder an dem „ersten Leben" der Kanzlerin entzünden. Die Skepsis gegenüber der Protestantin aus dem Osten, die erkennbar keine Heldin war, hält sich in Teilen im Westen hartnäckig.
Sie wahrt Distanz. Es ist ihre größte Stärke und größte Schwäche zugleich. Ein Wegbegleiter hat einmal gesagt: „Für mich ist die CDU wie eine Familie, für Merkel ist es nur eine Partei." Inzwischen kennt Merkel die emotionalen Bedürfnisse ihrer Parteifreunde und bedient sie bisweilen auf Parteitagen. Aber nie wird die ewige Seiteneinsteigerin ein CDU-Eigengewächs werden. Ihr Aufstieg in der Partei war der tiefen Krise im Spendenskandal geschuldet. Nach Kohl und Schäuble sollte das unverbrauchte Gesicht die Partei retten. Damals dachten die Parteigranden, Merkel sei eine Übergangslösung. Da haben sie sich getäuscht. Sie hat die Partei umgekrempelt. Dieser von ihr als Moder-

nisierungskurs verstandene Weg ist nicht ihre Erfindung. Viele in der Partei wollten nach der Kohl-Ära den Aufbruch und Neuanfang, aber wohl kaum ein anderer hätte ihn so radikal vollzogen.

Die Merkel-CDU hat in zentralen politischen Fragen in den zurückliegenden zehn Jahren völlig neue Wege eingeschlagen. Die Abkehr von der Atomenergie ist der vielleicht radikalste Schritt. Was früher Ausländerpolitik hieß, hat Merkel als Integrationspolitik zur Chefsache gemacht. In der Familienpolitik hat die Union sich heute in vielen Punkten an die frühere Linie der Sozialdemokraten angelehnt. Für Merkel ist das Problemlösen. Es fällt ihr auch nicht so schwer, weil sie in einzelne Positionen nicht so viel Gefühl legt. Wie etwa bei der Abschaffung der Wehrpflicht oder der Einführung von Mindestlöhnen – da meinten einige, dies rühre am Tafelsilber der CDU. Für Merkel sind das Scheingefechte.

Zum Kernbestand der CDU gehört an vorderster Stelle das „C". Wie aber ist es nun um das Christliche bestellt in der Union? Woran misst sich so etwas? Angela Merkel musste immer wieder als Beleg für die These herhalten, dass das „C" verblasse. Etwa wegen ihrer Haltung zur embryonalen Stammzellforschung oder zur Abtreibung. Vor allem auch die als Papstkritik bezeichnete Äußerung der Kanzlerin 2009 zum Umgang des Vatikans mit dem Holocaustleugner Richard Williamson, der der Pius-Bruderschaft angehört, sorgte für einen Aufschrei in Teilen der katholischen Kirche. Die Papstkritik bot endlich einen konkreten Angriffspunkt für Merkel-Kritiker. Es mangele ihr an Respekt gegenüber den Kirchen und vor allem an Kenntnis der katholischen Kirche, so der Vorwurf. Merkels Distanz zum Religiösen, jetzt sei sie offenbar geworden.

Merkel hat die Union pragmatischer und wendiger ge-

macht. Man kann das Ent-Ideologisierung nennen, man kann darin auch eine Abkehr von Altem und Tradiertem erkennen. Dass es immer eine Abkehr vom Christlichen wäre, ist kaum belegbar. Die Kirche erkennt an, dass in der Integrationsfrage oder in der Menschenrechtspolitik die CDU sich ihren Positionen angenähert habe. Der Vorwurf, die unchristliche Merkel befördere eine unchristliche Union, ist ein Zirkelschluss. Dennoch gibt es Unzufriedenheit und Widerspruch zu ihrer Politik gerade auch aus einem christlichen Kontext heraus. Ein Beispiel dafür ist die Debatte um die Finanzmarkttransaktionssteuer. Der Jesuit Jörg Alt hat die Kampagne für eine „Steuer gegen Armut" ins Leben gerufen und viele Unterstützer gefunden. Dass Merkel einmal dazu gehören könnte, schien unwahrscheinlich. Dann hat sie beim Weltwirtschaftsforum in Davos für genau dieses Anliegen geworben. Dort hat Merkel einen starken Akzent auf die internationale Zusammenarbeit gelegt. „Wenn wir uns einmal fragen, welche Lektion wir denn nun eigentlich aus der Finanz- und Wirtschaftskrise gelernt haben, und ob das, was wir gelernt haben, schon ausreicht, dann glaube ich, auch in diesem Jahr sagen zu müssen: Es reicht noch nicht aus. Wenn es um ganz neues Denken geht, dann sind wir sicherlich noch nicht am Ende." Das Scheitern internationaler Abkommen beim Handel und beim Klimaschutz hat sie außerdem beklagt.
Wie christlich ist nun Merkel? Sie ist vor allem nicht katholisch, was in der alten CDU doch für viele gewöhnungsbedürftig war. Die selbstverständliche Katholizität eines Helmut Kohl war eben doch für viele maßgebend. Der versteckte Glaube der evangelischen Pfarrerstochter hingegen schien vielen suspekt. Genauso fremd war ihr der Katholizismus römischer Prägung. Inzwischen hat Merkel

schon drei Päpste erlebt, zu allen hatte sie jeweils ein ganz eigenes Verhältnis. Als sie Johannes Paul II. 2003 besucht hat, da trug sie noch einen schwarzen Schleier. Sie fühlte sich ihm zum einen verbunden, da sie beide aus dem „Ostblock“ stammten und Merkel auch für die vom Papst unterstützte polnische Solidarność Sympathien hegte. Zum anderen aber waren beide in der Frage des Irak-Kriegs unterschiedlicher Meinung, und so kam es zu einem Konflikt zwischen der vatikanischen Haltung gegenüber den USA und Merkels Position. Nachfolger Papst Benedikt XVI. hatte Merkel schon zu dessen Kardinalszeiten kennengelernt. Dessen Intellektualität habe sie beeindruckt, bekannte sie auch gegenüber Vertrauten immer wieder, doch eine persönliche Nähe zwischen dem deutschen Papst und der deutschen Regierungschefin wollte sich nicht einstellen.

Von Papst Franziskus nun scheint Merkel in ungewöhnlicher Weise angetan zu sein. Sie hat bereits ein Interviewbuch von ihm gelesen und neulich daraus in der CDU-Präsidiumssitzung zitiert. Und sie hat ihn besucht. Über eine Stunde haben beide vor einigen Wochen im Vatikan miteinander gesprochen – eine überraschende Geste. Dabei interessiert sie nicht so sehr der Theologe, als der Argentinier auf dem Papstthron, der von außen auf Europa schaut. Franziskus nimmt den alten Kontinent als zu zaghaft war, der sich nicht kümmere darum, dass ihm der Nachwuchs, der Glaube und die Innovationskraft zunehmend abhanden komme. Dies nun passt genau in den Argumentationsstrang Merkels, da baut sie den Papst gerne in ihre Reden ein.

Wahrscheinlich ist Merkel sowieso bibelfester als Kohl und die anderen Vorgänger im Kanzleramt. Nur merkt man es nicht so oft. Es ist die Anekdote überliefert, dass ein Redenschreiber Merkel ein Bibelzitat in eine Ansprache schrieb. Bei der Durchsicht fügte die Kanzlerin am Rand einen Korrekturhinweis an: „Bitte Lutherbibel verwenden, nicht die Einheitsübersetzung." Den Unterschied muss man erst mal kennen. Ihre öffentliche Zurückhaltung in Glaubensdingen mag viele Ursachen haben. Aber diese defensive und doch auch strenge Art ist eben auch urprotestantisch. Merkel scheint mehr so etwas wie eine preußische Protestantin als eine ostdeutsche Physikerin zu sein.

I. EUROPA UND DIE WELT

„Unsere europäische Identität ist zu einem großen Teil christlich“

Wer das eine Bild zur Illustration der bisherigen Merkel’schen Kanzlerschaft sucht, wird es in Brüssel finden: Merkel rollt zum Gipfel an und steigt aus der Limousine aus. Wenn die Regierungschefs zusammenkommen und abermals eine Krisensitzung abhalten. Wenn sie inmitten von Männern oft den Ton angibt oder vor allem ihre Durchhaltefähigkeit bei langen Verhandlungsnächten unter Beweis stellt, dann ist Merkel-Zeit. Merkel ist die Europa-Kanzlerin, die Kanzlerin der Krise – wie immer es auch weitergehen wird. Dabei sind besonders ihr Pragmatismus, ihre hohe Gabe zur Kompromissfindung und ihr durchdringendes Faktenwissen entscheidend. Sie neigt nicht zur Lyrik – und dass wo doch Europapolitik immer stark von der Symbolik und dem Pathos gelebt hat. Ihre Bedeutung hat Merkel nicht in der Sinnstiftung, aber sie kann auch grundsätzlich sprechen.

Was ist des Kaisers und was Gottes? Welchen Auftrag haben geistliche und weltliche Macht? Diese für unser Zusammenleben grundlegende Frage begleitet die Entwicklung Europas von der griechisch-römischen Antike über die Aufklärung bis heute. Nicht zuletzt die seit vielen Jahren leidenschaftlich geführte Diskussion um den Vertrag von Lissabon zeigt: Das Verhältnis von Politik und Religion hat nichts an Brisanz und Aktualität verloren.

Ich hätte mir eine Einigung gewünscht, die den Gottesbezug in der Präambel des Vertrags noch deutlicher formuliert. Dies war aufgrund des unterschiedlichen Verständnisses vom Verhältnis von Kirche und Staat in den EU-Mitgliedstaaten nicht möglich. Ich freue mich aber, dass im Vertrag von Lissabon sowohl das religiöse Erbe Europas als auch die Rolle der Kirchen und Religionsgemeinschaften gewürdigt werden.

Denn klar ist: Unsere gemeinsame europäische Identität ist zu einem großen Teil christlich geprägt – auch wenn das Christentum in Europa in sehr verschiedenen Formen lebte und lebt. Ob in der Liturgie des byzantinischen Ostens, den Sakramenten des römischen Katholizismus, den Riten des Protestantismus oder in den Traditionen laizistischer Staaten: Das christliche Erbe bleibt prägend für unseren Kontinent.

Wir müssen unsere Wurzeln kennen und dieses Erbe immer wieder vergegenwärtigen. Denn wir leben in einer globalisierten Welt, in der wir im ständigen Austausch mit anderen Kulturen und anderen Religionen stehen und gemeinsam unsere Zukunft gut gestalten wollen. Nur ein Europa, das seine Seele und seine Werte kennt, kann die richtigen Weichenstellungen für die Zukunft vornehmen.

Europas Werte sind komprimiert in der Idee von der Würde des Menschen. Das christliche Verständnis vom Menschen als Ebenbild Gottes lehrt die Gleichwertigkeit aller Menschen unabhängig von Nationalität, Sprache, Kultur, Religion, Hautfarbe und Geschlecht. Nicht der Staat ist daher das Maß der Politik, nicht eine Partei, nicht eine Rasse oder eine Klasse. Im Mittelpunkt allen staatlichen Handelns steht der Mensch und seine unantastbare Würde. Papst Benedikt XVI. betont in seiner Enzyklika Caritas in veritate, „dass das erste zu schützende und zu nutzende Kapital der Mensch ist, die Person in ihrer Ganzheit".

Die Achtung der Menschenwürde verbietet es, den Menschen zum bloßen Objekt zu machen, zum Beispiel in der Gentechnik oder bei der aktiven Sterbehilfe. Sie gebietet es, auch die Bürger- und Menschenrechte derjenigen zu verteidigen, die sie nicht gewährt bekommen – zum Beispiel bei menschlichen Tragödien wie in Darfur oder im Kongo. Dazu gehört auch ein entschiedenes Eintreten gegen Rassismus, Antisemitismus und Fremdenfeindlichkeit. Die Achtung der Menschenwürde gebietet es auch, die Schöpfung zu bewahren. Unsere Kinder und Enkelkinder haben den gleichen Anspruch auf eine intakte Umwelt und Lebensgrundlage.

Schließlich erwächst aus der Garantie der Menschenwürde das Recht des Einzelnen auf die freie Entfaltung seiner Persönlichkeit. Die Kraft der Freiheit gehört zu den wichtigsten Kräften des Menschen überhaupt: Die Freiheit, die eigene Meinung zu sagen, auch wenn dies andere stört, die Freiheit zu glauben, die Freiheit des unternehmerischen Handelns, und die Freiheit des Einzelnen in seiner jeweiligen Verantwortung für das Ganze.

Dieser christliche Geist der Freiheit hat auch bei der Überwindung der unnatürlichen Teilung Europas vor 20 Jahren eine wichtige Rolle gespielt. Er hat ganz wesentlich die Kraft dazu geliefert, den totalitären Verformungen standzuhalten und die Macht der kommunistischen Diktaturen auszuhöhlen. Und wenn wir an Papst Johannes Paul II. und seinen Einsatz für die Gewerkschaft Solidarność in Polen denken, oder an die Kirchen in der DDR, die den Menschen Freiräume im übertragenen wie ganz direkten Sinne boten, dann wissen wir: Es ist alles andere als ein Zufall, dass den Kirchen eine herausragende Rolle beim Fall des Eisernen Vorhangs und den friedlichen Revolutionen in Mittel- und Osteuropa zukam.

Freiheit in diesem Sinne ist keine bindungslose Freiheit. Sie respektiert die Freiheit des anderen. Ihre ganze Kraft entfaltet sie aber erst in der Bindung des Einzelnen an andere: an die Familie, die Gesellschaft und nicht zuletzt an Gott. Paul Josef Kardinal Cordes schreibt: „Erst wenn das Ich über die Mauer seiner selbst hinausgelangt, reift sein Menschsein; bleibt es in ihr verschlossen, verkümmert er.“ Dieses Freiheitsverständnis liegt begründet im jüdischen Glauben und im Evangelium der Freiheit. Die Kirchen haben es über die Jahrhunderte verteidigt und sie bleiben unersetzlich darin, den wahren Gehalt universaler Werte und Prinzipien des menschlichen Zusammenlebens immer wieder freizulegen.

Gerade der Wert der Freiheit wird im Alltag häufig verkürzt auf ein individualistisches Recht auf Beliebigkeit des Handelns: Wir erleben Ignoranz, mangelnde Zivilcourage und Rücksichtslosigkeit gegenüber Schwächeren. Verantwortungslose Freiheit erleben wir leider auch auf der gesellschaftlichen und globalen Ebene – beim Ausnutzen des Internets für die Verbreitung von Kinderpornographie, beim Raubbau an der Natur oder durch Gier, Exzesse und Maßlosigkeit auf den Finanzmärkten. Nur so konnte auch die aktuelle Wirtschafts- und Finanzkrise entstehen. Individuelle Interessen wurden verabsolutiert, zum Schaden

des einzelnen und der Gemeinschaft. Doch wir können die Finanzmärkte und die Wirtschaft im christlichen Sinne ordnen, ohne ihr die Freiheit zu nehmen. Wir können der Globalisierung ein menschliches Gesicht geben – indem wir lernen, wieder im Interesse des Ganzen zu denken – regional, national und global.
Die Lehre aus der Wirtschafts- und Finanzkrise heißt: Wir müssen auf den Menschen setzen, auf seine Kreativität, auf seine Individualität. So handeln wir nicht nur unserer Wirtschafts-und Gesellschaftsordnung gemäß. So erfüllen wir auch unseren biblischen Auftrag als Christen. So erhalten wir uns auch unsere Vielfalt der Sprachen, Kulturen und Regionen. Gerade die Vielfalt einerseits, die gemeinsamen Werte und Prinzipien andererseits sind es, die Europa seine unverwechselbare Identität geben.
Gott hat uns unterschiedlich geschaffen. Daher müssen auch alle Versuche unterbleiben, die Menschen gleichzumachen. Deshalb ist es im christlichen Verständnis vom Menschen gerecht und zwingend, wenn jeder die Hilfe bekommt, die er braucht. Doch was der Einzelne oder kleine Gemeinschaften selbst leisten können, darf ihnen der Staat nicht abnehmen. Hier spricht die katholische Soziallehre von Subsidiarität.
Das christliche Menschenbild ist eine ganz entscheidende Quelle freiwilligen Engagements. Es treibt dazu an, einen Dienst um des Wohls der Gemeinschaft willen zu übernehmen. Von jeher ist das breitgefächerte Engagement der Kirchen eine tragende Kraft unserer Gesellschaften – in der Jugendarbeit, in Hospizen, in der kirchlichen Entwicklungszusammenarbeit oder auch in der Soldatenseelsorge. Die Kirchen wirken durch dieses Engagement breit und positiv in unsere Gesellschaft und die ganze Welt hinein. Wir brauchen diesen Einsatz für die Rechte von Armen

und Benachteiligten, für den Schutz des Lebens, für die Förderung der Familie sowie für Frieden und Gerechtigkeit in der Welt. Nur so kann jeder Mensch ein Leben in Würde führen.
Aber die Kirchen stehen für mehr als nur caritatives und soziales Engagement. Europa braucht sie nicht nur als Akteure einer lebendigen Bürgergesellschaft. Europa braucht sie, weil sie dazu beitragen, die geistigen und ethischen Grundlagen, auf denen die europäische Einigungsidee aufbaut, zu festigen und zu erneuern. Keine Kommission, kein Parlament und kein Regierungsgipfel kann aus sich heraus die Wertmaßstäbe und Orientierungskraft der Freiheit, der Gerechtigkeit und der Solidarität hervorbringen, die uns Europäer bestimmen. Die europäischen Institutionen brauchen vielmehr diese Werte als Fundament, auf dem dann der Bau des politischen Hauses vorangetrieben werden kann. Und deswegen ist letztlich noch wichtiger als die Erwähnung des Gottesbezugs in der Präambel, dass die Kraft des christlichen Menschenbildes sich in der praktischen Bewährung Europas bei den Herausforderungen des 21. Jahrhunderts immer wieder neu entfalten kann.
Dabei sollten wir uns insbesondere auf die Eigenschaft besinnen, die für mich die Seele Europas ausmacht: Die Toleranz. Ohne Toleranz gibt es keinen Frieden zwischen Völkern, Kulturen und Religionen. Gerade religiöse Toleranz ist eine unentbehrliche Bedingung für das friedliche Zusammenleben einer pluralen Gesellschaft. Die Kirchen und Religionsgemeinschaften tragen in großem Maße zur Entwicklung von Toleranz bei. Ich glaube, sie können ihre intensiven Versöhnungserfahrungen selbstbewusst in den Prozess der europäischen Integration mit einbringen.
Dabei bedeutet Toleranz gerade nicht Beliebigkeit. Tole-

ranz wurzelt darin, dass man sich seiner eigenen Identität gewiss ist in einer Selbstgewissheit, die keine Abschottung bedeutet, sondern eine selbstbewusste Offenheit und Neugier auf andere. Erst dann kann ich mich wirklich auf den anderen einlassen, den anderen so akzeptieren, wie er ist, und dieses Anderssein als Bereicherung für mich empfinden. Wertvorstellungen bleiben nur im gegenseitigen Dialog lebendig, der Respekt vor dem anderen umfasst und in dem auch Kritik seinen Platz haben muss.
Auch wenn Staat und Kirche nach unserem Staatsverständnis voneinander unabhängig sind, so sind wir alle für unsere Wertebasis verantwortlich. Die Präambel unseres Grundgesetzes beginnt nicht ohne Grund mit den Worten „Im Bewusstsein seiner Verantwortung vor Gott und den Menschen". Damit wird zum Ausdruck gebracht, dass auch unsere Verfassung in eine Werteordnung eingebettet ist, die über Gesetze und Verfassungsinstitutionen hinausgeht. Der Auftrag, diese Werteordnung zu erhalten und zu erneuern, ist ein gemeinsamer Auftrag, den Staat, Kirche und Gesellschaft je auf ihre Weise wahrzunehmen haben. Dazu ist jeder aufgerufen, seinen Beitrag zu leisten – Politiker, Eltern, Erzieher, Lehrer, Journalisten, alle, die sich in unserem Gemeinwesen engagieren, in Jugendeinrichtungen und Sportvereinen und natürlich auch in den Kirchen. So wird das Gefühl der Verantwortung der Menschen füreinander gestärkt. Und von dieser Kraft des Zusammenhalts können wir in unserer Gesellschaft gar nicht genug haben.

„Frieden ist die Mutter aller Entwicklung"

In Amerika wurde Merkel schon wiederholt zur mächtigsten Frau der Welt erkoren. Die Verleihung der Medal of freedom und die Auszeichnung mit dem Aachener Karlspreis sind die prominentesten Ehrungen, die sie erfahren hat. Vom Ausland aus betrachtet ist Merkel vor allem eine Welt-Akteurin, das Gesicht Europas. In Deutschland ist ihre außenpolitische Statur, ihre Sicht auf Friedenspolitik, Entwicklungspolitik und Fragen von Menschenrechten weitaus weniger Gegenstand von Erörterung und Debatte. Dabei ist mutmaßlich auf lange Sicht die internationale Perspektive die entscheidende auch für Deutschland. Im Jahr nachdem Merkel den Karlspreis erhielt, wurde Andrea Riccardi, der Gründer der Gemeinschaft Sant'Egidio ausgezeichnet. 2011 besucht sie ein Treffen der Gemeinschaft in München.

Ich möchte noch einmal daran erinnern, dass die Tradition dieser Friedenstreffen von Sant'Egidio schon 25 Jahre zurückreicht. Wenn wir uns die Welt im Jahre 1986 in Erinnerung rufen, dann sah sie doch beträchtlich anders aus als die Welt von heute. Zum Beispiel hatten Terroranschläge, wie wir sie am 11. September des Jahres 2001 – wir hatten gestern den zehnten Jahrestag – erlebt haben, damals unsere Vorstellungskraft überstiegen. Aber wir hatten damals die „Ordnung" des Kalten Krieges, eine scheinbar unüberwindliche Trennung zwischen Ost und West. Die ganze Welt hatte sich dem unterzuordnen; es gab zwei große Machtsphären. Die Fronten dieses Kalten Krieges verliefen quer durch Deutschland, quer durch Europa. Allein die Tatsache, dass ich hier heute als Bundeskanzlerin der Bundesrepublik Deutschland stehe, aufgewachsen im östlichen Teil Deutschlands, zeigt, was sich verändert hat. Wer hat mehr davon profitiert, wer hat mehr gewonnen als gerade wir Deutschen, die wir jetzt wieder vereint in einem einigen Europa Freiheit und Demokratie leben können?

Der 1986 in Assisi abgehaltene Gebetstag für den Frieden war ein Zeichen der Hoffnung. Vertreter unterschiedlicher Glaubensrichtungen waren auf Einladung von Papst Johannes Paul II. aus aller Herren Länder in die Stadt des heiligen Franziskus gekommen. Sie wollten den Nationen der Welt eine Botschaft der Versöhnung senden. Dieses Wollen ist in eine Tradition übergegangen. Dies ist eine dauerhafte Botschaft der Versöhnung geworden. Die Laienbewegung Sant'Egidio knüpfte nämlich daran an. Noch immer tragen ihre Treffen den Geist von Assisi in die Welt. Die Botschaft heißt, immer wieder um das gedeihliche Miteinander von Menschen unterschiedlichen Glaubens zu ringen. Dass wir uns heute mitten im geeinten Europa treffen, das zeigt, dass dieser Geist doch schon beträchtliche Früchte getragen hat, auch wenn wir auf dieser Welt noch viel zu tun haben. Der Eiserne Vorhang ist nunmehr längst Vergangenheit. Sein Fall 1989 hat gezeigt: Ausdauer, Mut und Hoffnung können Teilungen und Spaltungen überwinden. Das ist die Botschaft, die wir Europäer für andere Teile der Welt haben, in denen das noch nicht gelungen ist. Es gibt Hoffnung.

Was ist die Ursache dafür, dass sich die Hoffnung immer wieder Bahn brechen kann? Das sind gemeinsame Grundüberzeugungen, gemeinsame Vorstellungen von Gerechtigkeit und Teilhabe, viele Kontakte, die allen Hürden zum Trotz aufrechterhalten geblieben sind. Die Kirchen hatten an der Überwindung solcher Hürden immer einen großen Anteil. Nicht nur, dass ihre Lehren eine wichtige Basis unserer gemeinsamen Werte in Europa sind. Wir dürfen das in Europa nicht vergessen. Als wir über den Verfassungsvertrag diskutiert haben, hätten wir es jedenfalls in der Partei, der ich angehöre, sehr gerne gehabt, wenn wir den Gottesbezug ähnlich wie in unserem Grundgesetz auch in den europäischen Verträgen verankert hätten, denn wir sollten uns immer wieder unserer Wurzeln besinnen. Die Menschen leben von Religion, die Menschen leben aus dem Verständnis, dass wir Menschen Schöpfung Gottes sind und dass wir als solche unser Leben auf Erden gestalten.

Papst Benedikt XVI. hat immer wieder darauf hingewiesen: Die Säkularisierung in Europa, auch die Trennung von Kirche und Staat dürfen uns niemals vergessen lassen, dass wir ohne Glauben an Gott – hier sind Vertreter vieler Religionsgemeinschaften – als Menschen schnell überheblich werden und aus den Augen verlieren, wozu unser Leben bestimmt ist. Deshalb sollten wir das immer

auch in unseren Worten berücksichtigen, auch in der Tagespolitik.
Politik kann Zusammenhalt fördern, aber sie kann ihn nicht verordnen. Wir leben von Dingen, die wir selber nicht schaffen können. Die Basis für ein Gemeinschaftsgefühl bildet sich im vorpolitischen Raum. Dort spielen die Kirchen eine zentrale Rolle. Ihre Offenheit für andere, ihr Anspruch der Nächstenliebe, die Akzeptanz, dass Menschen auch Fehler begehen, aber auch aufgehoben sind und Geborgenheit erfahren – all das prägt Einstellungen für unsere Gesellschaft, auf denen Politik aufbauen kann, die Politik aber nicht selber schaffen kann. An solche Grundhaltungen und ethischen Überzeugungen müssen politische Entscheidungen anknüpfen, sonst laufen sie ins Leere. Deshalb sind Treffen wie das Ihre hier in München so wunderbar, so wichtig, so inspirierend. Daraus entsteht ein Zusammengehörigkeitsgefühl, eine stabile Gemeinschaft. So gelingt auch die Gemeinschaft der Staaten nur, wenn sie an ein gemeinsames Verständnis vom Menschen anknüpfen kann. Wir als Europäerinnen und Europäer empfinden uns als Gemeinschaft. Wir haben zum 50. Jahrestag der Unterzeichnung der Römischen Verträge, den wir während der deutschen EU-Ratspräsidentschaft in Berlin gefeiert haben, gesagt: „Wir Europäer – wir sind zu unserem Glück vereint."
Wir haben ein gemeinsames Wirtschafts- und Gesellschaftsmodell in einer immer enger vernetzten Welt, wir wissen um unseren Auftrag. Wir wissen aber auch: Unser Kontinent hat über viele Jahrhunderte und unter Mühen vor allem eines lernen müssen: Unterschiede lassen sich friedlich miteinander vereinbaren, wenn sie ein gemeinsames Verständnis von Menschenwürde, Freiheit und Verantwortung trägt. Nur dann gelingt es auch, friedlich

miteinander zu leben. Diese Erkenntnis ist es, auf der das Haus Europa gebaut ist. Es beherbergt unter seinem Dach heute eine halbe Milliarde Menschen, die die wesentlichen Grundüberzeugungen teilen, die in Frieden und Wohlstand leben, die die Unteilbarkeit der Würde jedes einzelnen Menschen akzeptieren und die glauben und zeigen, dass wir in Respekt, in Toleranz auch zwischen den Religionen in Europa unser Leben gestalten.

Dieses Haus Europa ist nicht über Nacht entstanden. Es ist nach jahrhundertelangen Mühen, nach Unfrieden, Krieg und schrecklichen Taten entstanden. Wer wüsste das besser als wir Deutschen. Aber ich glaube, das Haus Europa ist heute solide, es ist eine wirkliche Gemeinschaft. Den Gründervätern der europäischen Einigung gelang das Wunder, die Gräben der Unterschiede zu überbrücken. Wenn ich allein daran denke, dass wir das Verhältnis zwischen Deutschland und Frankreich als Erbfeindschaft oder Erzfeindschaft bezeichnet haben, so haben wir das heute glücklicherweise überwunden.

Es gelang den Gründervätern der europäischen Einigung, im Bewusstsein der Vergangenheit, also auch des von Deutschland ausgegangenen Zivilisationsbruchs der Schoah und des Krieges, Zukunft zu gestalten. Wir haben die Teilung des Kontinents überwunden, wir haben die Weichen für die Erweiterung der Europäischen Union gestellt. Heute ist es die Aufgabe der politisch Aktiven, Europa wettbewerbsstark, krisenfest und international handlungsfähig zu machen. Das ist auch eine große Herausforderung, aber gemessen an denen, die Europa schon überwunden hat, eine gestaltbare Herausforderung.

Wir haben in diesen Tagen die Schuldenkrise im Euro-Raum zu überwinden – eine Krise, die mit vielen technischen Begriffen immer wieder erklärt wird, die uns aber in Wahrheit zwingt, anders zu leben, nämlich nachhaltig zu leben, nicht unentwegt auf Kosten zukünftiger Generationen Werte zu verbrauchen, sondern auch an zukünftige Generationen zu denken. Dies muss und wird auch – ich bin davon überzeugt – unser gemeinsames Verständnis sein. Ich bitte Sie, uns auch mit Ihrem Gebet und mit Ihren Veranstaltungen dabei zu helfen, einfach deutlich zu machen: Europa ist ein reicher Kontinent – es sollte uns gelingen, nicht den Reichtum zukünftiger Generationen zu verbrauchen. Nur so werden wir auch Frieden und Demokratie bei uns erhalten.

Trotz aller Schwierigkeiten: Unser europäisches Modell von Demokratie, Rechtsstaatlichkeit und Meinungsfreiheit, gepaart mit den Prinzipien der Sozialen Marktwirtschaft, ist es wahrlich wert, immer wieder gestärkt zu werden. Wir wissen doch: Viele Menschen in anderen Regionen der Welt schauen auf uns Europäer, denn die Vision eines friedlichen Zusammenlebens, die Vision der Bewahrung der Menschenrechte ist bei uns Wirklichkeit. In vielen Regionen der Welt wird genau darum noch gerungen.

Aber wir erleben in diesen Tagen und Monaten auch hoffnungsvolle Entwicklungen. Es ist noch nicht einmal ein Jahr her, als sich die aufgestaute Sehnsucht vieler Menschen nach Freiheit in Nordafrika Bahn gebrochen hat. Tausende Menschen gingen zunächst vor allem in Tunesien und Ägypten auf die Straße. Nach und nach ergriff und ergreift diese Bewegung immer mehr Länder im arabischen Raum. Aktuell stehen wir vor gravierenden Problemen in Libyen und in Syrien, aber immer wieder ist es das eine, um das wir kämpfen sollten: Die Würde jedes einzelnen Menschen ist unteilbar, unantastbar. Das muss das Prinzip sein, nach dem Schritt für Schritt alle politisch Verantwortlichen auf der Welt arbeiten und sich engagieren. Männer und Frauen sind immer wieder bereit gewesen, ihr Leben für eine bessere Zukunft, für mehr Demokratie, für mehr Rechtsstaatlichkeit einzusetzen. Gerade junge Menschen in der arabischen Welt fordern für sich eine Perspektive ein. Wer wollte das nicht besser verstehen als wir in Europa, die diese Perspektive bereits haben? Auch sie streben nach wirtschaftlicher und politischer Teilhabe. Sie wollen sich nicht mit Armut und staatlicher Willkür abfinden. Und dabei haben sie unsere Unterstützung.

Umso wichtiger ist es, dass jetzt die vielen Hoffnungen nicht in Enttäuschungen umschlagen. Aus der Stärke Europas erwächst uns Verantwortung – Verantwortung für ganz konkrete Hilfen und Unterstützungen, gerade auch für die Jugend in diesen Ländern des Umbruchs. So begrüße ich es zum Beispiel, dass die deutschen Unternehmen und Auslandshandelskammern die Initiative ergriffen haben für einen Pakt für Beschäftigung, womit zum Beispiel in Ägypten 5.000 Jugendlichen betriebliche Ausbildungs- und Arbeitsplätze vor Ort angeboten werden. Wir brauchen viele solcher konkreten Initiativen, denn jeder einzelne Mensch fragt zu Recht nach seinen Möglichkeiten.

Die Veränderungen in der arabischen Welt bewegen viele Menschen auch in Europa. Der nordafrikanische Raum ist unsere Nachbarschaft; wir sind durch das Mittelmeer verbunden. Stabilität in unserer Nachbarschaft liegt in unserem ureigensten Interesse. Das gilt auch und erst recht für Israel. Dort mischt sich die Beobachtung des Wandels im arabischen Raum auch mit Skepsis und der Sorge um die eigene Sicherheit. Das ist nur zu verständlich. Die jüngsten Vorfälle an der Grenze zu Ägypten und mehr noch die Stürmung der israelischen Botschaft in Kairo in der Nacht von Freitag auf Samstag zeigen, wie angespannt die Situ-

ation ist. Die ägyptische Regierung muss dafür Sorge tragen, dass sich derartiges nicht wiederholt.
Gerade jetzt, in dieser Phase, kommt es darauf an, dass wir trotz scheinbar sehr, sehr schwieriger Bedingungen im Nahost-Friedensprozess vorankommen. Deutschland setzt sich dafür sehr stark ein. Wir wollen eine Zweistaatenlösung mit Israel als jüdischen demokratischen Staat in anerkannten Grenzen und mit einem lebensfähigen palästinensischen Staat. Anders ist ein dauerhafter Friede in der Region nicht erreichbar. Wir wissen: Das verlangt von Israel genauso wie von den Palästinensern schmerzhafte Kompromisse, aber – das wissen vor allen Dingen auch Sie – Frieden ist jede Anstrengung wert; eine Anstrengung, bei der Deutschland und die internationale Gemeinschaft natürlich zur Seite stehen werden. Wir sollten alles daransetzen, die verbleibenden Tage bis zu den Beratungen in den Vereinen Nationen zu nutzen, vorneweg im Nahost-Quartett, um Wege zu finden, die eine Wiederaufnahme des Friedensprozesses nicht noch zusätzlich erschweren, sondern erleichtern.
Meine Damen und Herren, ob im Nahen Osten, im arabischen Raum oder anderswo auf der Welt – eine nachhaltige Entwicklung ist nur mit gelebten Menschenrechten denkbar. Wir brauchen Entwicklung auf unserer Welt, um die Grundbedürfnisse des Menschen zu erfüllen, Durst zu löschen, Hunger zu stillen, Krankheiten zu heilen, Bildung und damit auch berufliche und gesellschaftliche Teilhabe zu sichern. Aber nur wer dabei die Menschenrechte achtet, schafft auch eine verlässliche Basis für Entwicklung.
Ähnliches gilt auch für den Schutz unserer natürlichen Lebensgrundlagen. Wir sind inzwischen sieben Milliarden Menschen auf dieser Welt. Ich habe es jetzt noch einmal nachgelesen: 1950, kurz nach dem Zweiten Weltkrieg,

waren es weltweit nur zweieinhalb Milliarden Menschen. Es sind jetzt sieben Milliarden Menschen, die Wohlstand möchten, die in Würde leben wollen. Dies wird nur möglich sein, wenn wir lernen, sorgsam, nachhaltig, im Sinne der Schöpfungsgeschichte mit unseren natürlichen Ressourcen umzugehen. „Macht euch die Erde untertan" – das war keine Aufforderung zum Raubbau, sondern das war eine Aufforderung für eine dauerhaft glückliche Menschheit.

Deshalb wird es, wenn es um Entwicklungszusammenarbeit geht, wenn es um den Schutz unserer natürlichen Lebensgrundlagen geht, in Zukunft ganz wesentlich immer auch um Frieden oder kriegerische Auseinandersetzungen gehen. Je nachdem, wie wir die Fragen nach nachhaltigem Wirtschaften beantworten, wird sich entscheiden, ob die Welt in Frieden leben kann. Deshalb ist ein effizienter, fairer, sorgsamer Umgang mit unseren natürlichen Ressourcen das A und O unserer zukünftigen Gestaltung der Welt. Die Frage heißt: Sichern wir Zukunft oder verbrauchen wir Zukunft? Das ist eine zutiefst moralische Frage, die Politik wiederum nicht allein lösen kann, sondern die sie nur lösen kann, wenn sie auf Menschen trifft, die sich diese Frage auch zu ihrem eigenen Anliegen gemacht haben. Auch hierbei gilt natürlich für uns in Europa, auch für uns in Deutschland: Aus unserer Stärke erwächst Verantwortung. Aus der Stärke der Industriestaaten folgt eine besondere Verantwortung, den Gedanken des nachhaltigen Wirtschaftens zu fördern.

Dabei stehen wir erstens in der Pflicht, die Rechnung für unseren Wohlstand selbst zu zahlen. Wir dürfen die Lasten nicht weiter auf andere abwälzen – weder auf andere Regionen noch auf künftige Generationen. Zweitens ist jeder von uns gefordert, im Alltag den Nachhaltigkeits-

gedanken stärker zu verinnerlichen – beim Energieverbrauch, bei Konsum- und bei Produktionsentscheidungen. Drittens sind wir gefragt, Entwicklungs- und Schwellenländer auf ihrem Weg zu mehr Wohlstand zu unterstützen, ohne dabei die Fehler der Vergangenheit zu wiederholen. Exemplarisch dafür steht das Thema des Klimawandels, der Energiepolitik, des Energieverbrauchs. Wir könnten genauso über andere Fragen, wie zum Beispiel über die der Biodiversität, der Vielfalt unserer Arten sprechen.
Immer wieder steht international die Frage im Raum: Wie viel Entwicklung gestehen wir anderen zu und wie weit sind wir selber Vorbilder, um zu zeigen, dass Wohlstand auch mit nachhaltigem Wirtschaften erreicht werden kann? Wir brauchen hierfür internationale Übereinkünfte. Die Welt kann nicht mehr national regiert werden, auch nicht allein durch Regionalorganisationen. Deshalb kommt auch den Vereinten Nationen aus meiner Sicht eine so zentrale Bedeutung zu. Ja, es ist kompliziert, mit über 190 Nationen immer wieder Einvernehmen herzustellen. Aber die Menschenrechtscharta der Vereinten Nationen ist aus einer so unmittelbaren Kraft heraus entstanden, als Erfahrung aus dem Zweiten Weltkrieg, so dass, wenn alle Mitgliedstaaten der Vereinten Nationen sich an das, was sie unterzeichnet haben, halten würden, die Welt sehr viel friedlicher wäre. Ich fordere Sie auf, die Sie ja immer wieder in der Welt Ihr Wort erheben: Sagen Sie laut, wo die Menschenrechtscharta der Vereinten Nationen nicht eingehalten wird. Daraus entsteht auch die Notwendigkeit, verbindliche Abkommen zu schließen. Gerade was die Abkommen zum Klimawandel anbelangt, so haben wir – das steht auch für viele andere Abkommen – immer noch dramatische Probleme zu lösen. Aber ich sage auch: Wir haben auf der Welt schon viele dicke Bretter gebohrt,

wir haben schon viele Blockaden überwunden – und so werden wir es auch lernen, als Menschheit mit unseren natürlichen Ressourcen gemeinsam verantwortlich umzugehen. Ich bin davon zutiefst überzeugt.
Die Friedenstreffen von Sant'Egidio leisten zu alldem einen großen Beitrag. Sie führen Menschen aus unterschiedlichen Kulturkreisen zusammen, sie überwinden Grenzen, sie schärfen den Blick für das Verbindende. Darin liegt ihr unschätzbares Verdienst. Deshalb sind wir, wenn ich das so sagen darf, auch Verbündete im Kampf um Menschenwürde, um Frieden und Freiheit und Menschenrechte.
Gerade an die Religionen richtete sich in den vergangenen Jahren verstärkt die Frage, was uns Menschen eint oder was uns Menschen trennt. Wer was glaubt, ist wieder mehr von öffentlichem Interesse, weil die Menschen spüren: Wir brauchen die Kraft des Glaubens, um die Fragen unserer Zeit zu bewältigen. Der Dialog der Religionen hat neuen Zuspruch, neuen Wind bekommen. Das ist positiv. Negativ, muss man allerdings sagen, ist der Hintergrund, vor dem diese Entwicklung Nahrung gefunden hat. Denn Religionen werden auch in unserer Zeit sträflichst missbraucht, insbesondere um Terrorismus zu begründen, wie wir bei den Terroranschlägen am 11. September 2001 gesehen haben. Umso wichtiger ist der Dialog der Religionen, die Gemeinsamkeit der Religionen, die Sie in Ihren Treffen verfolgen. Denn eines ist klar: Religionen sehen den Menschen als Gottes Geschöpf. Deshalb ist seine Zerstörung, so wie wir das in tausendfacher Form am 11. September, aber auch danach erlebt haben, genau das Gegenteil von dem, was Religion will.
Wenn wir dieser Tage in aller Welt der Toten des Anschlags vom 11. September gedenken, dann gedenken wir der Opfer des Terrors, wir gedenken all der gefallenen Soldaten,

der getöteten Sicherheitskräfte, vieler Helfer, die antraten, um Terror einzudämmen. Mit diesem Gedenken tragen wir auch die Botschaft in die Welt: Die dem Menschen ureigene Sehnsucht nach Freiheit lässt sich durch Terror und Unterdrückung nicht ausradieren. Freiheit lässt sich nicht besiegen. Auch heute können Menschen immer wieder Mittel und Wege finden, Anschläge zu verüben, aber wir werden uns davon unsere Überzeugung nicht nehmen lassen. Die Staatengemeinschaft wird sich weiter engagieren und auch engagieren müssen. Ob das als ultima ratio auch mit militärischen Mitteln geschieht, ist in Ihren Kreisen sicherlich stark umstritten. Wir glauben, dass es notwendig ist, aber wir glauben niemals, dass militärische Mittel allein wirklichen Frieden bringen können. Frieden wird nur durch eine Vielzahl von Aktivitäten gebracht.
Wir müssen natürlich lernen, mit den Feinden des Friedens und der Freiheit umzugehen. Im Unterschied zur Zeit um 1986, in der Ihre Friedenstreffen ihre Ursprünge fanden, haben wir es heute mit Bedrohungen zu tun, bei denen Menschen bereit sind, ihr Leben für die falsche Sache aufs Spiel zu setzen, nämlich für den Tod anderer Menschen. Mit diesen Bedrohungen, die wir asymmetrische Bedrohungen nennen, werden wir uns noch weiter auseinandersetzen müssen. Ich glaube, dass die Bekämpfung von Armut und die Bekämpfung von Ungerechtigkeit gute Mittel sind, um dem Terrorismus seine Wurzeln zu entziehen. So arbeiten wir gemeinsam genau daran.
Mit die wirksamste Form der Krisenprävention ist und bleibt also die Armutsbekämpfung. Darauf hat auch Sant'Egidio immer und immer wieder hingewiesen. Seit ihren Anfängen Ende der 60er Jahre widmet sich die Bewegung dem Dienst an den Armen. Sie lindert Leid und fragt zugleich nach den Ursachen. Eine wichtige Erkennt-

nis lautet, dass Krieg der Vater aller Armut ist. Im Umkehrschluss könnten wir sagen, dass Frieden als Mutter aller Entwicklung bezeichnet werden kann. – Ich hoffe, Sie nehmen mir die Zuordnung zu „Vater“ und „Mutter“ nicht übel; das ist geschlechtsneutral gemeint.

Deshalb möchte ich Sant'Egidio dafür danken, dass Sie Ihre Kontakte und Freundschaften rund um den Globus nutzen, um für mehr Stabilität auf der Welt einzutreten. Dieses Engagement ist ein wichtiger Baustein christlicher Friedensarbeit. Herzlichen Dank dafür. Papst Johannes Paul II. hat beim Treffen in Assisi vor 25 Jahren gesagt: „Der Friede, der von so anfälliger Gesundheit ist, erfordert ständige und intensive Pflege.“ Jede Generation muss Frieden vor neuen Anfechtungen und Gefahren bewahren. Sie zu erkennen, ist nur das eine; sie mutig und entschlossen anzugehen, das ist das andere. Und darin liegt unser gemeinsamer Auftrag. Lassen Sie mich deshalb nochmals Papst Johannes Paul II. zitieren: „Wir wollen danach trachten, Friedensstifter im Denken und Tun zu sein, mit Geist und Herz auf die Einheit der menschlichen Familie ausgerichtet.“ Davon dürfen wir uns alle angesprochen und ermutigt fühlen – Sie, die Sie unsere Gäste in der Bundesrepublik Deutschland sind, und auch wir als Politiker.

Sant'Egidio und allen Gästen des Friedenstreffens danke ich dafür, dass Sie immer wieder und auf vielfältige, kreative, fantasievolle Art und Weise Versöhnung und Verständigung den Weg bereiten.

II. GESELLSCHAFT UND GERECHTIGKEIT

„Der Zusammenhalt der Gesellschaft“

Angela Merkel denkt Politik von Problemen her, nicht von Ideen, so ließe sich eine Typisierung ihrer Art der Politik versuchen. Das führt dazu, dass sie keine Rede hält als emotionales Loblied auf die Familie oder rhetorische Klimmzüge unternimmt, um die christlichen Vorstellungen von Solidarität und Subsidiarität zu verkünden. Vielmehr ist ihr Ausgangspunkt immer eine „Lage“ – und die heißt für sie derzeit vor allem: Demografischer Wandel. Neben der Globalisierung ist die Veränderung der Altersstruktur der Gesellschaft für Merkel eine der derzeit größten Herausforderungen für politisches Handeln. Typisch Merkel ist, dass sie im Laufe ihrer Analyse dann doch auf die Ideen zurückkommt. Nur an den Anfang stellt sie sie nicht.

Von dem Arzt und Theologen Albert Schweitzer stammt der Satz – ich zitiere: „Keine Zukunft vermag gut zu machen, was du in der Gegenwart versäumst." Ich glaube, das ist etwas, das es auf den Punkt bringt. Man kann es sogar noch verstärken: Was wir heute tun oder lassen, entscheidet darüber, wie die Welt morgen aussieht.
Natürlich lässt sich Zukunft nicht bis ins Detail am Reißbrett planen und dann eins zu eins umsetzen. Natürlich gibt es immer wieder Risiken. Aber das darf uns nicht davon abbringen, zu wissen: Mit allem, was wir heute tun oder lassen, zeichnen wir die Zukunft ein Stück vor. Deshalb darf, auch wenn es einige Unbestimmtheiten gibt, dies niemals der Grund dafür sein, nichts zu tun. Dies sagen Sie auch mit Ihrem Motto des Katholikentages: „Einen neuen Aufbruch wagen". Das heißt, sich dessen gewiss zu sein, was wir an Verantwortung haben.
Bei Schicksalsschlägen wie etwa Naturkatastrophen bezweifeln die wenigsten, dass man etwas tun muss, dass man handeln muss. Ganz anders ist das in Prozessen, die sich schleichend vollziehen, die sich über Jahre hinweg erstrecken. Dabei hat man oft auch die Hoffnung, dass die Dringlichkeit zu handeln nicht allzu groß sein könnte. Das gilt auch für den demografischen Wandel.

Der Begriff „demografischer Wandel" mutet recht technokratisch an. Aber er betrifft auch jeden von uns, die wir hier in diesem Saal versammelt sind. Es ist ein schleichender Wandel, der aber alle Lebensbereiche durchdringt: von der Familie über die Arbeitswelt bis hin zum Leben im Alter. Der demografische Wandel kommt nicht über Nacht, aber er kommt mit aller Macht – unaufhaltbar, aber schrittweise und absehbar. Darin liegt ja auch die Chance, von der Alois Glück eben sprach. Wir können uns recht-

zeitig auf Veränderungen einstellen. Wir können einen neuen Aufbruch wagen. Wir müssen uns dabei immer bewusst sein: Je weiter wir die Aufgaben vor uns her schieben, umso schwieriger wird es dann, richtig zu reagieren. Der Kern des Wandels, der uns zum neuen Aufbruch herausfordert, lässt sich in wenigen Worten beschreiben: Wir werden weniger, dafür aber vielfältiger und vor allem auch älter. Das Alter von Methusalem bleibt zwar auch in absehbarer Zeit unerreichbar. Laut erstem Buch Mose wurde er 969 Jahre alt. Aber immer mehr Menschen hierzulande kommen doch in den Genuss dessen, was wir ein gesegnetes Alter nennen. Deshalb will ich an dieser Stelle einfach sagen: Das ist ein Grund, erwartungsvoll in die Zukunft zu schauen. Denn mehr Lebenszeit ist ein unschätzbarer Gewinn. Viele Ältere, die körperlich und geistig fit sind, verstehen diesen Gewinn zu nutzen – für sich, aber auch für andere. Wir als Gesellschaft müssen es insgesamt verstehen, diese Chance zu nutzen.
Viele Ältere engagieren sich für die Familie, für soziale Projekte, sie bilden sich weiter, sie gehen noch einer Arbeit nach. Da finden ganz viele persönliche Aufbrüche statt. Das spiegelt sich in den verschiedensten Bereichen wider – ich will hier nur ein paar Stichworte nennen; wir können nachher noch darüber diskutieren: Mehrgenerationenhäuser, Nachbarschaftsnetze, altersgerechte Gestaltung von Arbeit. Das heißt, der demografische Wandel ist keine Zukunftsmusik mehr, er hat uns schon erreicht; wir beginnen auch, darauf zu reagieren.
Die Bundesregierung hat, gemeinsam mit vielen Ministerien und unter Führung des Innenministers, eine Demografie-Strategie entwickelt. Wir wollen mit ihr auf diesen komplexen Wandel reagieren. Wir wissen aber, dass wir als Bundesregierung das nicht allein können, sondern

wir brauchen dazu auch die Kommunen, die Länder; wir brauchen vor allen Dingen die Bürgerinnen und Bürger, die Verbände, die Ehrenamtlichen und genauso natürlich die Kirchen.
Der Schlüssel liegt darin, jeden Einzelnen mit seinen Bedürfnissen und Fähigkeiten zu sehen. Jedes Alter braucht etwas. Aber jedes Alter kann auch etwas. Jeder von Ihnen weiß, wovon ich rede. Einen Blick sowohl für die Nöte als auch für die Gaben jedes Einzelnen zu haben, entspricht dem christlichen Selbstverständnis. Hingabe an Gott ist immer auch Hingabe an die Menschen. Papst Benedikt XVI. unterstrich dies in besonderer Weise mit seiner ersten Enzyklika „Deus caritas est".
Jeder Mensch muss auch unabhängig von seinem Alter die Chance haben, sich weiterzuentwickeln und sich in die Gesellschaft einzubringen. Das ist eine Konsequenz unseres christlichen Menschenbildes. Das ist auch die Voraussetzung, um Zusammenhalt und Wohlstand in unserem Land zu wahren und gestalten zu können. Da macht es überhaupt keinen Sinn, Interessen und Belange von Jung und Alt gegeneinander ausspielen zu wollen. Innerhalb von Familien kommt man ohnehin nicht auf diesen Gedanken. Familien umfassen der Definition nach schon immer Jüngere und Ältere. Deshalb bleiben sie auch der natürliche Ort, an dem Generationen Verantwortung füreinander übernehmen. Deshalb muss ein Nachdenken über den demografischen Wandel immer bei den Familien ansetzen.
Keine staatliche Stelle kann jemals ersetzen, was Familien aus sich heraus leisten. Deshalb verdienen Familien zweierlei: auf der einen Seite den Schutz des Staates, so wie das auch im Grundgesetz festgelegt ist, und andererseits Freiraum, nämlich zu entscheiden, wie sie leben wollen. Jede Familie soll selbst entscheiden, welches Lebensmo-

dell ihr am nächsten liegt. Das ist die Wahlfreiheit, um die es in unserer Gesellschaft so viele Diskussionen gibt.
Meine Damen und Herren, deshalb ist das Thema Vereinbarkeit von Beruf und Familie natürlich auch immer aus der Perspektive der Familie zu sehen. Die Berufswelt mag Erwartungen haben, aber das kann und darf nicht dazu führen, dass wir eine völlige Ökonomisierung des Familienlebens haben, sondern eine menschliche Gesellschaft muss auch ein Gespür für die Erwartungen der Familie haben. Deshalb ist in der Arbeitswelt noch mehr Respekt davor nötig, wenn Frauen und Männer Familienpflichten übernehmen.
Wir müssen uns auch immer wieder vor Augen führen, dass für Familien innerhalb kurzer Zeiträume vieles zusammenkommt: die Entscheidung für Kinder, die Chance, beruflich voranzukommen, und sehr häufig auch die Verantwortung für die ältere Generation. Diese hohe Dichte an Pflichten lässt sich entzerren – und zwar in allen Lebensphasen und über die gesamte Biografie hinweg. Davon bin ich zutiefst überzeugt. Das bedeutet in vielen Bereichen des Arbeitslebens aber auch ein Stück Umdenken, um Zeit für Familien besser verteilen zu können. Wir müssen uns natürlich auch überlegen, wie wir Familien entlasten. Hierbei sind als Stichpunkte zum Beispiel haushaltsnahe Dienstleistungen und verschiedene Möglichkeiten des Zeitmanagements auch über verschiedene Lebensphasen hinaus zu nennen.
Natürlich können wir uns angesichts des sich verändernden Bevölkerungsaufbaus auch nicht vor der Frage drücken, dass wir mit Blick auf die Lebensarbeitszeit darauf reagieren müssen, dass die Menschen älter werden und dass es weniger Jüngere gibt. Deshalb haben wir uns politisch entschlossen – ich stehe auch dazu –, bis zum Jahr

2029 das Renteneintrittsalter schrittweise auf 67 Jahre zu erhöhen.

Aber, meine Damen und Herren, dazu gehört vor allen Dingen, dass wir auch eine Kultur des längeren Arbeitens entwickeln. Ältere in der Berufswelt sind über Jahrzehnte nicht entsprechend ihren Fähigkeiten behandelt worden. Dass der Faktor Erfahrung, Kenntnis, Routine gegenüber dem Faktor Schnelligkeit auch ein wichtiger Faktor ist, ist zumeist verkannt worden. Neuere Arbeitszeitmodelle zeigen, dass Ältere sehr wohl zu erheblichen Leistungen fähig sind. Am besten ist eine Gesellschaft sowieso immer dann vertreten, wenn sie eine richtige Mischung aus Erfahrung, Routine, Schnelligkeit, Jung und Alt hinbekommt. Das gilt für das Berufsleben genauso wie in anderen Bereichen.

Meine Damen und Herren, wir wissen auch, dass sich heute an das Erwerbsleben eine Lebensphase anschließt, in der Ältere auch und vielfach ihren Beitrag für die Gesellschaft leisten – nicht per Gesetz verpflichtet, sondern freiwillig im Ehrenamt. Deshalb möchte ich die Gelegenheit nutzen, hier einfach einmal ganz herzlich Danke zu sagen. Ich glaube, gerade auch in vielen Kirchengemeinden weiß man, wovon ich spreche, wenn ich sage: Danke denen, die sich jenseits ihrer Erwerbstätigkeit ehrenamtlich für unsere Gesellschaft einbringen. Wir brauchen sie dringend.

Aber, meine Damen und Herren, wir dürfen auch nicht die Tatsache, dass Menschen älter werden, dafür benutzen, die Schwächen des Alters aus der öffentlichen Diskussion auszugliedern. Alter ist auch verbunden mit Schwäche, mit Gebrechen. Deshalb ist auch die Frage des würdevollen Sterbens eine der großen Fragen, die in die Gesellschaft und nicht an den Rand der Gesellschaft gehören. Von Beginn des Lebens bis zum Ende des Lebens steht das Leben in Würde nicht zur Disposition. Das muss sich auch

in unserem gesellschaftlichen Alltag widerspiegeln, meine Damen und Herren. Deshalb ist für mich die Würde des Menschen keine Frage des Alters, des Gesundheitszustandes oder der Leistungsfähigkeit. Sie ist stets zu achten. Sie ist nicht teilbar.
Deshalb möchte ich schließen mit einer Geschichte der Gebrüder Grimm, die vielleicht manchem von Ihnen bekannt ist. Es ist die Geschichte vom alten Großvater und seinem Enkel. Weil der alte Mann mit seinen zitternden Händen immer wieder Suppe verschüttet, verbannen ihn sein Sohn und dessen Frau vom Tisch. Sie setzen ihn in die Ecke hinter dem Ofen und geben ihm kaum mehr das Nötigste. Als ihm auch noch sein Suppenteller herunterfällt und zerbricht, drücken sie ihm eine Holzschüssel in die Hand. Da kommt der kleine Enkel ins Spiel. Er baut eines Tages einen kleinen hölzernen Trog. „Wozu?“, fragt der Vater. „Für euch, wenn ihr alt seid“, antwortet der kleine Junge. Das öffnet allen die Augen. Fortan sitzt der Großvater wieder am Tisch.
So stelle ich mir unsere Gesellschaft vor.

„Wir sind verantwortlich für Gottes Schöpfung“

In den 70er Jahren hat die CDU den Anschluss an die Umweltbewegung verloren – und es hat Jahrzehnte gedauert, bis sie sich die Umweltpolitik für sich zurückerobert hat. Dabei war in den Anfängen sowie auch heute noch das Anliegen durchaus auch christlich motiviert. Mit der Formulierung von der „Bewahrung der Schöpfung“ wird diese Wurzel der Umweltbewegung im Christlichen deutlich sowie auch die heutige Verankerung in der Christdemokratie begründet. Angela Merkel weiß darum und spricht dies immer wieder an. Für einen Katholikentag ist die Umweltthematik dementsprechend auch für die frühere Umweltministerin im Kabinett Kohl ein günstiges Thema.

Ich freue mich, heute hier zu sein, und ich freue mich auf die Diskussion, die wir anschließend führen werden. Das Thema, das der Kirchentag uns gegeben hat, ist ja ein ganz spannendes. Wir sind verantwortlich für Gottes Schöpfung; und wenn wir uns über die Schöpfung Gedanken machen, dann kommen natürlich die Fragen nach Gerechtigkeit, nach Umweltschutz, nach Friedenssicherung, nach der Gestaltung unseres Miteinanders auf die Tagesordnung – Fragen, die uns unter den Nägeln brennen.

Das Internet ermöglicht es uns heute, unsere Gedanken sozusagen an jeden Ort, in jede Ecke der Welt schweifen zu lassen und über alles Bescheid zu wissen. Und trotzdem ist es immer noch schwierig, verantwortlich zu sein und den eigenen Platz für Verantwortung zu finden. Viele Ereignisse, die nicht bei uns stattfinden, bewegen uns dennoch, weil sie weltweite Folgen haben. Wir haben ja – Katrin Göring-Eckardt hat darauf hingewiesen – in diesem Jahr schon zwei Dinge erlebt, die uns unglaublich bewegen – zum einen das Erdbeben, der Tsunami in Japan und die schwere Havarie im Kernkraftwerk Fukushima und zum anderen die Umbrüche im Norden Afrikas, die wir so nicht vorausgesehen haben. Solche Ereignisse und ihre Folgen sind Ausdruck einer zusammenwachsenden Welt – einer Welt, in der die Rollen neu verteilt werden und in der wir, Deutschland und Europa, unsere Rolle finden müssen.

Wir haben 2008 und 2009 mit der internationalen Wirtschafts- und Finanzkrise hautnah auch in Deutschland erlebt, was es heißt, dass globales Wirtschaften aufs engste vernetzt ist. Der Zusammenbruch der Bank Lehman Brothers hat nicht nur die Finanzwelt in eine maximale Turbulenz gebracht, sondern er hat die Weltwirtschaft insgesamt in eine sehr schwierige Wirtschaftskrise gestürzt. Deutschland hatte damals einen Wirtschaftseinbruch von fast fünf Prozent. Wir haben damals unter dem Strich richtige Maßnahmen eingebracht und durchgesetzt, die dazu geführt haben, dass Menschen Brücken gebaut wurden und dass jetzt wieder ein Aufschwung stattfinden kann. Aber es war eine extrem schwierige Situation. Wir haben sie gemeistert, aber andere, zum Beispiel die afrikanischen Länder, waren von der Krise in maßloser Weise betroffen. Da ging und geht es oft um Hunger, um elementare Existenz. Und so war es auch ganz wesentlich im Interesse Afrikas, dass die G20 – die Gruppe der 20 größten Länder – gesagt hat: Nicht jedes einzelne Land kann auf eine solche Krise angemessen reagieren, sondern wir müssen uns zusammentun und zusammen Maßnahmen ergreifen. Es war durchaus eine spannende Erfahrung, dass in der Not, in einer wirklichen globalen Not, Länder in der Lage waren, sich abzusprechen, Banken zu stützen, damit die Wachstumsraten nicht noch mehr einbrechen, Volkswirtschaften mit Konjunkturprogrammen zu helfen und damit insgesamt die Welt zu stabilisieren.

Manchmal wird ja auch die Frage gestellt: Was kann Politik in Zeiten der Globalisierung eigentlich bewegen; ist es nicht egal, wer da zusammenkommt? Ich glaube, in der Stunde dieser Weltwirtschaftskrise ist gezeigt worden: Wenn die Welt zusammen am richtigen Strang zieht, kann sie etwas erreichen. Diese Notsituation sollte uns lehren, dass wir das auch in guten Tagen tun. Denn jetzt, da es der Weltwirtschaft wieder besser geht, da spürt man schon, dass der Eifer etwas nachlässt, dass es immer schwieriger wird, eine Bankenregulierung durchzusetzen, dass es immer schwieriger wird, dafür zu kämpfen, dass wir endlich einen weltweit freien Handel haben, dass das sogenannte

Doha-Abkommen endlich unterschrieben wird. Denn das ist auch richtig: Wenn wir weltweit zusammenarbeiten wollen, dann ist es absolut notwendig, dass wir Handelsbarrieren abbauen, damit alle eine faire Chance haben, aus eigener Kraft ihren Beitrag zum eigenen Wohlstand zu leisten. Protektionismus hilft uns hierbei nicht weiter; ganz im Gegenteil.

Die G20, das sind eben nur 20 Länder von über 180. Und da stellt sich natürlich die Frage: Wie kann man es arrangieren, dass diese 20 eine Legitimation bekommen, auch für viele andere zu sprechen.

Dazu möchte ich zwei Dinge sagen, die uns ganz gut gelungen sind und woran wir weiterarbeiten sollten.

Ich habe mich immer sehr dafür eingesetzt, dass bei diesen G20-Treffen auch internationale Organisationen mit am Tisch sitzen. Das sind die Vereinten Nationen, das ist der Internationale Währungsfonds, das ist die Weltbank, das ist die OECD und das ist die Internationale Arbeitsorganisation, denn es geht in vielen Dingen auch um soziale Fragen, um Arbeit, um Jobs, um Zukunftsperspektiven für die Menschen. Diese Organisationen sind nun alle mit dabei; das ist wichtig, und das sollten wir auch so beibehalten.

Das Zweite sind regionale Bündnisse. Da, glaube ich, können wir noch zulegen. Es ist ein unglaublicher Gewinn, dass sich die afrikanischen Länder zur Afrikanischen Union zusammengeschlossen haben. Und es ist ein unglaublicher Gewinn, dass wir in Europa die Europäische Union haben. Diese ist zwar nicht frei von Schwierigkeiten. Aber schauen Sie: Was könnte denn selbst Deutschland als das größte Land mit 80 Millionen Einwohnern bewegen, wenn wir uns vor Augen führen, dass in diesem Jahr der siebenmilliardste Mensch auf der Welt geboren wird? Es gibt Partner wie China mit über 1,3 Milliarden Menschen,

Indien mit über 1,2 Milliarden Menschen. Wenn wir als Europäer auch unsere Gedanken, unsere Werte, unsere Vorstellungen in die Weltgemeinschaft einbringen wollen, dann können wir als 27 Mitgliedstaaten der Europäischen Union mit wenigstens 500 Millionen mit mehr Nachdruck sagen, was wir wollen. Deshalb ist der Zusammenhalt in Europa neben der Frage von Frieden auf unserem Kontinent heute eine Frage der Interessenvertretung europäischer Werte. Deshalb müssen wir uns um Europa bemühen, so schwer es manchmal auch sein mag – es ist zu unserem eigenen Vorteil.
Im Vergleich zu John Kufuor, als er Präsident der Afrikanischen Union war, hatte ich es während der damaligen deutschen Ratspräsidentschaft der Europäischen Union eigentlich einfach. Wir waren beziehungsweise sind ja nur 27, in der Afrikanischen Union hingegen sind es rund 50 und eine Milliarde Menschen, die man zu vertreten hat – mit eher noch größeren Problemen. Trotzdem führt kein Weg daran vorbei, dass wir regionale Bündnisse stärken. Unsere Partnerschaftsabkommen zwischen der Afrikanischen Union und der Europäischen Union sind immer darauf ausgerichtet: Lasst uns helfen – verstanden als Hilfe zur Selbsthilfe, damit Afrika seine Probleme selbst zu bewältigen lernt. Von guter Regierungsführung bis hin zur Friedenssicherung haben wir noch viel zu tun, aber wir sind durch die Existenz der Afrikanischen Union auf einem guten Weg.
Ich war gerade in Singapur. In Südostasien haben sich Länder zur sogenannten ASEAN-Gemeinschaft zusammengeschlossen: Indonesien, Malaysia, Vietnam und andere. Sie schauen ganz genau auf uns in Europa und sagen: Was ihr geschafft habt, das wollen auch wir schaffen, weil auch wir verstanden haben: Nicht jedes einzelne Land kann mehr seine Interessen allein vertreten, auch wir brauchen so et-

was wie einen Binnenmarkt und eine gemeinschaftliche Wirtschaftszone; auch wir müssen da vorankommen.
Wenn wir jetzt nach einer Weltordnung fragen, dann ist zu sagen: Wir haben die 20 Länder der G20, die nicht mehr für sich allein sprechen, sondern die in diesem Rahmen eigentlich nur Positionen vertreten, die sie vorher in ihren regionalen Bündnissen abgestimmt haben. Legitimation für Entscheidungen resultiert dann überhaupt erst aus Beschlüssen der Vereinten Nationen. Die Vereinten Nationen sind sozusagen das legitimierte Dach der Welt, von dem aus Beschlüsse wirklich festgelegt und in Resolutionen verbindlich gemacht werden können. Das heißt, es ist durchaus wichtig, dass wir Gremien haben, in denen wir uns vorbereiten. Aber dann ist es auch wichtig, dass eine Legitimation für alle hergestellt wird.
Dabei möchte ich auch an das erinnern, was John Kufuor erwähnt hat – zum einen diese wunderbare Menschenrechtscharta, die die Vereinten Nationen als Lehre aus dem Zweiten Weltkrieg entwickelt haben. Jedes Mitglied der Vereinten Nationen hat sich dazu verpflichtet, die grundlegenden Menschenrechte einzuhalten. Deshalb braucht man eigentlich gar nicht lange sagen, dass wir dafür noch eintreten müssen. Das hat im Grunde schon jeder versprochen. Doch es ist an der Zeit, dass auch jeder die Menschenrechte einhält, und zwar an jeder Stelle auf der Welt.
Aber richtig ist auch, dass das – wenn ich es einmal technisch so ausdrücken darf – eigentliche Steuerungskomitee der Vereinten Nationen, der UN-Sicherheitsrat, die Ordnung nach dem Zweiten Weltkrieg reflektiert, aber nicht mehr die heutige Ordnung nach dem Ende des Kalten Krieges. Deshalb brauchen wir dringend eine Reform des UN-Sicherheitsrates. Wir sollten uns aber nicht verheben und sagen, die Veto-Rechte müssen aufgehoben werden; ich

glaube, da sind wir beide schon nicht mehr auf dieser Erde, wenn das einst passieren wird. Aber wir sollten zumindest dafür kämpfen, dass wir neue permanente Mitglieder im UN-Sicherheitsrat bekommen, die einfach auch deutlich machen: Es gibt heute mehr Länder, die Gewicht haben, als diejenigen, die damals als Veto-Mächte und permanente Länder in den UN-Sicherheitsrat gewählt wurden.
Zum anderen ist es natürlich notwendig, dass wir, wenn wir auf die globale Ordnung schauen, Themen benennen. Es hat ja keinen Sinn, dass wir schöne Gremien und Institutionen haben, wenn diese nichts beschließen. Da will ich an dieser Stelle nur sagen: Es bedarf einer Diskussion über einen modernen Wachstumsbegriff des 21. Jahrhunderts, der auf die Chancen aller sieben Milliarden und später noch mehr Menschen abstellt. In unserem Grundgesetz steht: „Die Würde des Menschen ist unantastbar." Aber das steht dort eben für jeden Menschen und nicht nur für die Menschen in Deutschland und nicht nur für die Menschen in Europa. Deshalb muss sich in Zukunft nachhaltiges Wachstum nicht nur daran messen lassen, wie sich das Bruttoinlandsprodukt entwickelt, sondern auch daran, wie wir mit den Ressourcen umgehen und ob wir für eine gerechtere Welt eintreten. – Darüber können wir sicherlich gleich noch sprechen.
Dabei geht es um Klimaschutz, um Friedenssicherung, dabei geht es um die Einhaltung von Menschenrechten und – das ist mein letzter Punkt – auch darum, dass wir unsere Religionen gegenseitig achten und Menschen nicht wegen ihres Glaubens verfolgt und diskriminiert werden. Da reichen wir als Christen allen anderen Religionen die Hand zu einem guten Dialog. Aber wir erwarten als Christen auch, dass das, was bei uns zu Hause selbstverständlich ist, auch für Christen in allen anderen Ländern dieser Welt gilt.

„Macht euch die Erde untertan!“

Merkel liebt durchaus eine zupackende Sprache. „Ran an den Speck“, rief sie ihren Parteifreunden auf dem Parteitag in Hannover nach ihrer Wiederwahl zur Parteivorsitzenden zu. Das „Politik erklären“ komme bei ihr zu kurz und stehe hinter dem kraftvollen Handlungsimpuls, der Merkel antreibe, zurück, wird ihr bisweilen vorgeworfen. Einen Überblick über ihre politische Überzeugung und ihr Verständnis von christlichem Menschenbild und sozialer Marktwirtschaft gibt sie 2010 in 50 Jahre Katholische Akademie ‚Die Wolfsburg‘ in Mühlheim an der Ruhr.

Wir haben eben aus der Abfolge der Gründung des Bistums und der dazugehörigen Akademie schon gesehen, dass das Thema Erwachsenenbildung für dieses Bistum sehr bald von großer Bedeutung war, wobei man sich entschieden hat, an diesem spannenden Ort die Arbeit zu beginnen. Das Thema, über das zu sprechen Sie mich – oder wir uns gegenseitig – gebeten haben, ist, glaube ich, ebenfalls spannend und bewegt uns immer wieder: Die Bedeutung von Zusammenhalt und Solidarität für den sozialen Fortschritt.

Zunächst zum sozialen Fortschritt: Man vermutet erst einmal, wenn man von Fortschritt spricht, dass etwas besser werden soll. Man muss aber noch definieren, was eigentlich besser werden soll. Ich glaube, schon die einführenden Bemerkungen von meinen beiden Vorrednern haben gezeigt: Es geht letztendlich um den Menschen und um die Frage, wie er die ihm mitgegebenen Chancen nutzen und entfalten kann. Es geht darum – so würde ich sozialen Fortschritt verstehen –, dass die Teilhabe aller möglich wird, und zwar in umfassendem Sinne mit den jeweils eigenen Gaben und Fähigkeiten.

Wir sprechen über den sozialen Fortschritt in einem Geist, der sagt: Der Mensch ist in der Lage, Dinge zum Besseren zu wenden. Fatalismus ist keine Antwort auf die Herausforderungen. Vielmehr sind wir aufgerufen, uns zu mühen. Ich würde sagen: Der Mensch ist dazu nicht nur befähigt, sondern er hat aus unserem christlichen Glauben heraus, wie ich ihn verstehe, geradezu den Auftrag dazu.

Was für ein Menschenbild haben wir? Ich glaube, davon hängt ab, wie wir Solidarität, wie wir Zusammenhalt und Fortschritt definieren. Auf wunderbare Weise ist das Menschenbild bei uns im Grundgesetz bereits in diesem sehr schönen und umfassenden Satz verankert: „Die Würde des Menschen ist unantastbar." Dieser Satz wäre ohne den christlichen Glauben als prägende Kraft unserer Gesellschaft nicht möglich gewesen. Er geht davon aus, dass der Mensch zur Freiheit befähigt ist, dass er einen Auftrag hat und dass Freiheit nicht Freiheit von etwas ist, sondern dass es um eine verantwortete Freiheit, um die Freiheit in Verantwortung geht.

Das bezieht sich immer genau auf den anderen Menschen, den nächsten Menschen, in dem das Bild Gottes aufscheint. Die Freiheit in unserer Gesellschaft ist heute oft sehr reduziert. Deshalb glaube ich, dass es wichtig ist, dass wir über die Freiheit in diesem verantworteten Sinne immer wieder miteinander sprechen. Denn sie ist die Grundlage dafür, dass wir Solidarität, Gerechtigkeit und Zusammenhalt leben können.

Ich spreche nicht ab, dass man auch auf anderem Wege zu einem ähnlichen Menschenbild kommen kann. Aber ich glaube, es ist gut und richtig, nicht nur hier in dieser Akademie zu sagen, dass unser Weg durch das christliche Bild vom Menschen geprägt ist. Wir dürfen durchaus immer wieder mutig sagen, woraus wir unsere Überzeugungen schöpfen. Denn ich sehe, wenn ich durch die Welt fahre, dass auch andere dies jeweils tun.

Es gibt wunderbare Schriften des heutigen Papstes, des damaligen Kardinals Ratzinger, über den Einfluss der Säkularisierung schon seit Jahrhunderten auf die gesellschaftlichen Prägungen. Ich glaube, wir tun bei aller Trennung von Kirche und Staat und den unterschiedlichen Aufgaben gut daran, uns immer wieder zu besinnen, wo die Wurzeln dafür liegen, dass wir das schaffen. Die Voraussetzungen können wir nicht selber schaffen, sondern sie sind gegeben. Aber sie müssen lebendig gehalten werden.

Von dieser Frage ausgehend sollten wir den sozialen Fort-

schritt, den Zusammenhalt und die Solidarität ein Stück weit – wenn wir in den politischen Bereich wechseln – unter folgenden Aspekten betrachten: Da geht es zum einen um den Einzelnen. Wenn er teilhaben soll, wenn er seine Chancen nutzen soll und wenn er gleiche Chancen bekommen soll, stellt sich die große Frage: Wie kann ich den Einzelnen zu verantwortetem freiheitlichem Verhalten befähigen?
Das Zweite ist: Uns hat immer wieder das Prinzip geprägt, dass die kleinen Einheiten von allergrößter Bedeutung sind. Das Subsidiaritätsprinzip bedeutet, möglichst immer nah an den Menschen, nah an der kleinen Einheit zu agieren. Es geht also um die Frage, wie wir kleine Einheiten stärken können.
Die Dritte ist sicherlich: Welche Rolle spielt der Staat? – Da gehe ich als Bundeskanzlerin gleich auf die nationale Ebene; ich könnte das aber genauso gut auch auf Landesebene durchdeklinieren. – Wie kann ich Globalisierung menschlich gestalten? Welche Sicherheiten muss der Staat geben, damit Menschen sich verantwortlich und freiheitlich entwickeln können?
Damit kommen wir ganz unmittelbar, wenn wir das christliche Menschenbild betrachten, das die Würde jedes Einzelnen im Blick hat, auf die gesellschaftliche Ordnung zu sprechen, die die Bundesrepublik Deutschland geprägt hat: Das ist die Soziale Marktwirtschaft. Auch sie ist völlig undenkbar ohne die katholische Soziallehre und die evangelische Sozialethik. Daraus ist diese Soziale Marktwirtschaft entstanden. Für uns ist sie heute oft ein Schlagwort, das wir vor dem Hintergrund einer inzwischen 60-jährigen erfolgreichen Entwicklung der Bundesrepublik betrachten. Aber es ist wichtig, immer wieder zu sagen: Auch die Soziale Marktwirtschaft wurde auf christlicher Grundlage und aus christlicher Perspektive heraus entwickelt.

Die Wurzeln der Sozialen Marktwirtschaft liegen bereits im 19. Jahrhundert. Sie war eine Antwort auf die industrielle Entwicklung unserer Gesellschaft, die gerade das Gebiet, in dem wir uns heute befinden, in ganz besonderer Weise geprägt hat. Der Mensch hat plötzlich Produktivkräfte entwickelt, die vor der industriellen Gesellschaft völlig undenkbar waren. Die Lebensstruktur der Menschen hat sich durch die industrielle Entwicklung dramatisch verändert. Während früher die Mehrheit im agrarischen Bereich lebte und kleine Handwerksbetriebe sozusagen die Vorläufer industrieller Produktion waren, kam es plötzlich zu einer großen Anonymisierung, aber auch zu der Fähigkeit der Menschen, Kräfte zu entfalten, die über ihre eigenen Kräfte weit hinausgingen. Während man früher in „PS" gelebt hat, gab es plötzlich die Dampfmaschine, es gab den elektrischen Strom, es gab die Möglichkeit der Verbindung durch Eisenbahnen und Ähnliches. Das war ein dramatischer Umbruch, der gerade das Ruhrgebiet, glaube ich, geprägt hat.
Aber plötzlich wurde in einem unglaublichen Ausmaß auch sichtbar, welche Ausbeutung dort stattfand, wie die abhängige Beschäftigung Menschen gedemütigt und verzweckt hat, woraus dann das Gefühl entstand: So kann es nicht gerecht sein.
Die Antwort darauf war im Grunde die Soziale Marktwirtschaft. Sie hat es geschafft, das Kapital, die Mehrung des Kapitals und die menschliche Arbeit in einen versöhnlichen Zusammenhang zu bringen, der natürlich in der jeweiligen Situation immer wieder austariert werden muss. Aber es war zum ersten Mal eine Ordnung da, die auf der einen Seite auf die Leistungsbereitschaft und die Initiative des Einzelnen gesetzt hat und auf der anderen Seite die Solidarität zur Norm einer menschlichen Gesellschaft gemacht hat.

Wie können wir das gleichermaßen erhalten: Menschen nicht die Initiative rauben, sie befähigen und dennoch eine Gesellschaft des Zusammenhalts prägen? Um diese Frage ging es damals bei der Entstehung der Sozialen Marktwirtschaft, um sie geht es auch heute noch. Dafür bedarf es staatlicher Rahmenbedingungen, in denen sich das entwickeln kann. Über diese Rahmenbedingungen werde ich gleich noch sprechen.

Dieser geografische Raum, in dem wir uns hier befinden, das Ruhrgebiet, hat das alles natürlich sehr stark durchlebt. Die ältesten historischen Funde bezeugen, dass diese Region für Militär und Handlungen von allergrößter Wichtigkeit war. Die früheren Siedlungen hier sind viel älter als die aus den Gebieten, aus denen ich entstamme bzw. wo ich aufgewachsen bin. Hier war bereits viel los, als im östlichen Teil die Slawen und dann endlich die Zisterzienser kamen. Da haben andere Teile Deutschlands schon eine sehr bewegte Geschichte gehabt.

Vor rund 200 Jahren begann in dieser Region mit der Industrialisierung eine Zeit geradezu dramatischer Umbrüche, verbunden mit einer völligen Veränderung der Wirtschaftsstruktur, der Siedlungsstruktur und einem dramatischen Anstieg der Einwohnerzahlen. Die Handelsstädte und die umliegenden Dörfer wuchsen explosionsartig. Sie wurden Industriestädte mit alldem, was wir heute noch an Substanz sehen. Die Arbeit konnte nur durch die Anwerbung und den Zugang auswärtiger Arbeitskräfte realisiert werden. Es entstanden die Nationalstaaten – Deutschland war ein relativ später Nationalstaat –, getrieben durch die wirtschaftliche Entwicklung.

Es ist unglaublich spannend, sich einmal mit der Entstehung der ersten Bahnlinien hier in Nordrhein-Westfalen zu befassen, mit dem Bankhaus Oppenheim oder mit der

Frage, wie man die Kleinstaatlichkeit überwunden hat – dass die Eisenbahn überhaupt nur entstehen konnte, wenn nicht alle zehn Kilometer wieder eine Zolleintreibestation war.
Das hat aber auch dramatische Folgen gehabt, die sich in Deutschland, in Europa und darüber hinaus in zwei furchtbaren Weltkriegen niedergeschlagen haben, wobei wir im Nationalsozialismus und im Zweiten Weltkrieg eine große Schuld auf uns geladen haben.
Wir hatten dann Glück. Das Ruhrgebiet hat davon später auch profitiert. Dazu muss man sagen: Die Wiedergutmachungsleistungen nach dem Ersten Weltkrieg musste ganz wesentlich das Ruhrgebiet erbringen. Nach dem Zweiten Weltkrieg fanden hier viele Vertriebene ihre Heimat. In der wirtschaftlichen Entwicklungsphase der jungen Bundesrepublik war das Ruhrgebiet natürlich ganz wesentlich durch die Montanindustrie geprägt. Sie wissen das. Die Arbeitskräfte reichten nicht mehr aus. Es kamen dann die Zuwanderer – die Gastarbeiter, wie wir lange Zeit gesagt haben, aber heute glücklicherweise nicht mehr sagen – aus dem Süden Europas und aus anderen Teilen hierher, die heute schon in der dritten und vierten Generation bei uns leben.
Dann hat sich gezeigt, dass wieder ein dramatischer Umstrukturierungsprozess notwendig war. An vielen Stellen, wo damals Kohle und Stahl produziert wurden, gibt es heute Industriedenkmäler und wunderbare Kulturdenkmäler. Nicht umsonst sind Essen und das Ruhrgebiet jetzt Kulturhauptstadt Europas. Ich habe neulich eine sehr bewegende Präsentation dieser Kulturhauptstadt in Istanbul – eine der beiden anderen Kulturhauptstädte – erleben dürfen. Dort wurde gerade mit Blick auf die hier Zugewanderten sehr schön dargestellt, dass es bei der Arbeit in der

Kohlengrube weniger darum ging, woher einer kommt, als darum, ob man sich aufeinander verlassen kann. Das hat etwas über den Zusammenhalt dieser Region ausgesagt.
In diesem Zusammenhang möchte ich einmal kurz aus dem Programm zur Kulturhauptstadt zitieren. Dort heißt es: „Wandel durch Kultur, Kultur durch Wandel – das ist der Leitfaden unserer Geschichte, mit der wir Europa erzählen, wie die einst größte ‚Kohlenzeche' des Kontinents zum Symbol für den Wandel durch Kultur geworden ist, wie sich das alte Ruhrgebiet zur neuen Metropole Ruhr wandelt." Genau das findet hier statt.
Da stellt sich natürlich die Frage: Wo bleibt da der Mensch, welche Aufgaben haben wir, und wie können wir es schaffen, keinen zurückzulassen? Ich glaube, wir sind jetzt in einer schwierigen Phase; man muss das ganz offen benennen. Durch die Globalisierung, durch die neuen technischen Möglichkeiten, durch die Zunahme von Freiräumen nicht nur in Mittel- und Osteuropa, sondern in vielen Bereichen der Welt hat sich der Wettbewerbsdruck verschärft. Da ist die Frage: „Was kann man bei uns tun, und was muss woanders geschehen?" viel virulenter geworden.
Gerade in Regionen, die mit einem Strukturwandel behaftet sind, müssen die Menschen ungeheuer flexibel sein. Man weiß oft gar nicht, ob das überhaupt zumutbar ist, ob das für jeden Einzelnen machbar ist. Genau das ist auch das Gefühl: Die einen kommen wunderbar mit und haben ungeahnte Chancen, während die anderen erkennen müssen, dass sie beim Zusammenbruch eines Unternehmens oder eines Betriebes an ihre alten Chancen nicht anknüpfen können. Das, was die einen als Vielfalt der Möglichkeiten beschreiben, bedeutet für die anderen einen Tempowechsel, den sie nicht mitgehen können.

Deshalb ist es die Aufgabe unserer Zeit, zu schauen, dass wir keinen zurücklassen. Wir erleben jetzt in der erzwungenen Entschleunigung, die sich zum Beispiel für Vielflieger ergibt, dass bei vielen Menschen ein Stück Nachdenken über das, was da eigentlich stattfindet, fehlt. Das, was wir so schön als das „Primat der Politik" bezeichnen und mit den Sätzen beschreiben, dass die Wirtschaft dem Menschen dienen muss und nicht der Mensch der Wirtschaft, erzeugt bei vielen ein unangenehmes Gefühl in unserer sehr hektischen und sehr schnellen Zeit.
Ich möchte jetzt über das Primat der Politik sprechen. Ich sage aber auch ganz ehrlich: Dieses Primat der Politik gilt nicht immer von Finanzkrise bis zu wirtschaftlichen Zusammenhängen, sondern es muss hart erarbeitet werden. Ich glaube, die Soziale Marktwirtschaft gibt uns den Auftrag, alles zu tun, um den Menschen mehr Teilhabe und mehr Chancen zu ermöglichen. Alles andere wäre kein sozialer Fortschritt.
Deshalb will ich stichwortartig auch für unser Gespräch, das wir im Anschluss führen, noch einmal auf die von mir genannten Aufgaben eingehen und vorher kurz darstellen, dass wir neben den Herausforderungen, die ich bereits geschildert habe, jetzt mit drei Dingen massiv konfrontiert sind. Das ist erstens die Globalisierung – getrieben durch die technischen Möglichkeiten, in alle Teile der Welt vorzudringen, getrieben durch die Möglichkeiten des Internets, der Informations- und der Wissensgesellschaft, die uns Zugang zu Informationen an jeder Stelle der Welt zu fast jeder Zeit ermöglicht und die uns trotzdem nicht mit mehr Wissen im umfassenden Sinne ausstattet, schon gar nicht mit mehr Urteilskraft und mit mehr Heimatgefühl.
Das ist zum Zweiten das Erleben der Endlichkeit der Ressourcen. Die Ansprüche der wachsenden Weltbevölkerung

müssen wir natürlich genauso definieren, wie wir das für uns selber tun. Die Würde des Menschen ist unantastbar. Das endet nicht mit dem Geltungsbereich des Grundgesetzes. Das endet auch nicht an den Grenzen der Europäischen Union, sondern das gilt für jeden Menschen weltweit. Es wird von den Menschen im 21. Jahrhundert erwartet, dass sie den Blick nicht nur auf sich, auf ihre kleinere Umgebung richten. Vielmehr bedeutet sozialer Fortschritt natürlich auch mehr Gerechtigkeit in der Welt insgesamt. Dass wir in den vergangenen Jahrzehnten – ich habe von den zwei Jahrhunderten gesprochen, in denen die Industrialisierung stattgefunden hat – von unserem Anteil an den weltweiten Ressourcen schon ein großes Stück verzehrt haben, stattet uns mit dem Auftrag aus, in Zukunft dazu beizutragen, dass andere Menschen in anderen Regionen ebenfalls ihre Entwicklungschancen haben.

Die dritte große Herausforderung für uns – für viele Länder in der Welt eine völlig azyklische Herausforderung – ist der demographische Wandel, die Veränderung unseres Altersaufbaus. Es ist Tatsache, dass wir trotz eines hohen materiellen Wohlstands weniger Kinder als ältere Menschen haben. Und es ist eine erfreuliche Tatsache, dass die Lebenserwartung durch Forschung und durch gesündere Lebensweise gestiegen ist. Auf diese Herausforderungen müssen wir allerdings eine ganz eigene Antwort geben, weil es dazu noch nicht so viele Erfahrungen in der Welt gibt.

Eine der für mich anrührendsten Geschichten war einmal, dass ein äthiopischer Asylbewerber – in Äthiopien ist wahrscheinlich die Hälfte der Menschen unter 20 – seiner Mutter, die entsetzt fragte, ob es wieder so kalt in Deutschland sei und ob sich der Junge auch wohlfühle, sagte: Ach, weißt du, das ist gar nicht so schlimm. Aber hier könntest du gut sein. Hier sind nämlich überall alte Menschen

auf der Straße. Hier würdest du gar nicht auffallen. Daran sieht man die Ungleichheiten, was den Altersaufbau und den demographischen Wandel anbelangt.
Mehr als bisher ist es also unsere Aufgabe, den Einzelnen zu befähigen. Ich glaube, dass das Ringen um eine Familienpolitik und dass die Diskussion, die wir mit Vehemenz und Intensität in unserer Gesellschaft führen, richtig und wichtig sind. Die Familie ist der Ort in der Gesellschaft, an dem Werte geprägt werden, an dem der Zusammenhalt und das Übernehmen von Verantwortung gelernt werden. Familie bedeutet lebenslange Verantwortung von Eltern für Kinder und von Kindern für Eltern. Aus der Familie kann man sich nicht herausstehlen. In der Familie wird Liebe gegeben. So etwas kann man von keiner staatlichen Institution verlangen. Deshalb gilt es, die Familie zu schützen, zu hegen und zu kräftigen.
Wir sprechen viel darüber, wozu Familien nicht fähig sind. Ich treffe immer wieder Menschen, die sagen: Sprecht doch auch einmal über die vielen Familien, die das, was Familie ausmacht, wirklich täglich leben! Ich glaube, man muss dabei die richtige Balance finden: Zum einen muss man das, was Familien machen, würdigen. Aber man darf nicht die Eltern, die Fragen und Zweifel haben oder an einigen Stellen nicht klarkommen, sofort entmündigen und staatlichen Einfluss ausüben. Andererseits muss man natürlich dort einspringen – das ist wieder das Prinzip der Subsidiarität –, wo die Familie wirklich nicht zurechtkommt. Darüber lohnt sich jede politische Debatte, weil das, wie wir richtigerweise sagen, die Keimzelle unserer Gesellschaft betrifft.
Diese Verantwortung für Familien muss sich durch Unterstützung von Familien manifestieren. Ich will nur verschiedene Schlagworte nennen, die ich hier aber nicht ausfüh-

ren kann. Auf der einen Seite betrifft das die Wahlfreiheit für Familien: Wie will ich mein Leben gestalten? Wir verfügen heute über ein großes Maß an Wahlfreiheiten, wie es für vergangene Jahrhunderte völlig undenkbar war. Auch in den vergangenen Jahrhunderten – das darf ich mit Blick auf das in meiner Partei sehr gepflegte Familienmodell sagen – hatte eine Mutter nicht lebenslang ganztätig Zeit für ihre zwei Kinder. Vielmehr waren frühere Jahrhunderte dadurch geprägt, dass die Arbeit und der Lebenserwerb in Großfamilien sehr hart und klar verteilt waren.

Auf der einen Seite steht also die Wahlfreiheit: Wie entscheide ich mich? Wie komme ich als Staat jeder Entscheidung entgegen, so dass sie begrüßt wird? Inwieweit kann ich der Familie selbst zutrauen, dass sie die richtige Entscheidung treffen kann? Wie richte ich mich danach, wenn eine Familie sich entscheidet, dass ein Elternteil viele Jahre für die Kinder da ist, bzw. wenn auf der anderen Seite heute viele Eltern Beruf und Familie miteinander verbinden? Das ist ein immerwährendes Ringen, zumindest in der CDU schon seit mehr als 20 Jahren. Und es ist kein Ende absehbar. Aber vielleicht ist das auch gut so.

Das Ganze kulminiert dann in der Frage des Betreuungsgeldes: Wenn ich Kinderbetreuung außer Haus anbiete, muss ich dann nicht auch denen, die ihre Kinder zu Hause erziehen, eine Anerkennung geben? Wie kann ich die dann ausdrücken? Ich sage an dieser Stelle nur schlagwortartig: Ich warne davor, jede Anerkennung immer nur materiell geben zu wollen. Denn das wird in unserem Land nicht aufgehen. Das kann die Freude und die Zufriedenheit, die man in einer Familie erleben kann, nicht kompensieren.

Der zweite Punkt, wenn es um die Befähigung des Einzelnen geht, betrifft die Bildungspolitik; das ist vollkommen klar. Ich habe zum 60. Jahrestag der Sozialen Marktwirtschaft gesagt: Ich wünsche mir, dass die Bundesrepublik Deutschland eine Bildungsrepublik wird – eine Bildungsrepublik, in der der Zugang zur Bildung für jeden und jede möglich ist, eine Bildungsrepublik, die die Chancen des Einzelnen vernünftig entwickelt. Ich vermute, dass uns die Auseinandersetzung, ob man das besser schafft, wenn man viele Kinder lange zusammen in einer Klasse hat oder wenn man gegliederte Schulsysteme hat, noch ein Stück weit begleiten wird. Ich will da gar nicht ins Detail gehen. Dass ich eher auf der Seite der gegliederten Schulsysteme bin, verwundert Sie nicht.

Ich glaube, wir müssen aufpassen, dass wir in der Bildungspolitik vom Menschen, vom Kind her denken, also von dem her denken, der Bildung erfährt, und dass wir nicht immer wieder Strukturdebatten führen. Das Ziel muss klar sein: Teilhabemöglichkeit und Chancengleichheit. Dabei können die Wege vielleicht unterschiedlicher sein, als wir uns das manchmal vorstellen. Wir kennen aus den verschiedensten Schultypen sowohl erfolgreiche als auch weniger erfolgreiche Ergebnisse.

Wir müssen uns daran gewöhnen, dass Bildung nicht mit dem Schulabgang oder dem Erlernen eines Berufes beendet ist. Vielmehr ist es eine der ganz großen Aufgaben unserer flexiblen Gesellschaft des 21. Jahrhunderts, dass wir es schaffen, lebenslang zu lernen. Das ist nicht einfach. Ich habe das nach dem Ende der damaligen DDR erlebt, als mit der deutschen Einheit plötzlich viele 40- bis 50-Jährige umgeschult werden mussten. Es gibt nun 30-Jährige, die den 45-Jährigen sagen, wie was funktioniert, die bei denen Prüfungen abnehmen und Zeugnisse ausstellen. Das ist eine völlig neue kulturelle Erfahrung. Dieses lebenslange Lernen muss eingeübt werden. Das wird in den nächsten Jahren sicherlich von allergrößter Bedeutung sein.

Weiterhin geht es um die Integration. Sie hier im Ruhrgebiet wissen, wovon die Rede ist. Es ist gut, dass Nordrhein-Westfalen den ersten Integrationsminister hat. Es ist gut, dass Niedersachsen jetzt zum ersten Mal eine türkischstämmige Ministerin hat. Wir werden mit der Integration vorankommen, aber wir haben da noch unglaubliche Aufgaben vor uns. Angesichts der demografischen Veränderungen in unserem Land wird es eine der herausragenden Aufgaben sein, zu verhindern, dass Parallelgesellschaften in unserem Land entstehen und sich verfestigen.

Einerseits werden wir weniger junge Leute haben, andererseits wird der Anteil der jungen Menschen mit Eltern aus anderen Ländern noch dramatisch wachsen. Deshalb dürfen wir in der Bildungspolitik niemanden verlieren. Es ist besser, bei Sprachtests bereits im fünften oder sechsten Lebensjahr Aufwand zu betreiben, als festzustellen, dass im 15. Lebensjahr nichts mehr zu machen ist. In diesem Bereich liegt noch eine Fülle von Aufgaben vor uns. Die Integration ist wichtig. Sie ist unabdingbar für den sozialen Fortschritt in unserem Lande. Deshalb wird die Integration als Aufgabe an Bedeutung zunehmen.

Wenn wir den Einzelnen befähigen wollen, müssen wir uns auch zum Leistungsgedanken bekennen. Jeder, der auf Solidarität in einer schwierigen Situation seines Lebens hofft, hat die Verpflichtung, das, was er in die Gemeinschaft einbringen kann, auch einzubringen. Das betrifft die Debatte um Unterstützung, um staatliche Transfers und um Eigenbeiträge. Wir werden morgen im Kabinett beschließen, dass wir erreichen wollen, dass junge Leute unter 25, wenn sie arbeitslos sind, innerhalb von sechs Wochen ein Angebot bekommen – wobei sie dieses Angebot dann auch annehmen müssen. Das heißt, gegebene

Chancen zu nutzen, das ist die große Aufgabe jedes Einzelnen, damit er sich einbringen kann.
Der zweite große Komplex heißt: kleine Einheiten stärken. Da sind wir im Bereich des Ehrenamtes. Die Förderung des Ehrenamtes ist von allergrößter Bedeutung. Ich kann das hier nur punktuell ansprechen. Ich glaube, das Ehrenamt in unserer Gesellschaft muss weiter gestärkt werden. Es braucht professionelle Strukturen. Wir werden eine menschliche Gesellschaft nicht allein über staatliche hauptamtliche Tätigkeiten erreichen können. Schauen Sie einmal, wie viel Ehrenamt innerhalb Ihrer Akademie stattfindet! Schauen Sie einmal, was in den sozialen Bereichen stattfindet, was in Mehrgenerationenhäusern stattfindet, was im Bereich des Sports stattfindet! – Ich will jetzt nicht alle Bereiche aufzählen. – Dann bekommen sie eine ungefähre Vorstellung von der Bedeutung des Ehrenamtes.
Weil wir heute eine sehr viel längere Lebenserwartung haben, wird eine wichtige Fragen für den sozialen Fortschritt sein: Wie gehen wir mit der älteren Generation um? Welche Angebote machen wir ihr, welche Aufgaben geben wir ihr? Diese Generation ist zwar aus dem Arbeitsleben ausgeschieden, aber noch weit davon entfernt, sich nur noch als sozusagen gesundheitlich zu betreuender Teil einer Gesellschaft zu verstehen. Es geht heute um einen Lebensabschnitt von 20 bis 25 Jahren. Schauen Sie einmal, wie viele 60-Jährige keinen Arbeitsplatz mehr haben und wie rüstig man bis zum 80. Lebensjahr sein kann! Da ergeben sich Felder, die frühere Generationen nicht zu beackern hatten. Hier kann man mit einer Stärkung des Ehrenamtes viel machen. Diejenigen, die 40 Jahre gearbeitet haben, haben zwar keine Lust mehr auf Pflichten, aber sie haben noch viel Lust, sich in die Gesellschaft einzubringen.
Ich darf natürlich, auch weil die Frau Oberbürgermeiste-

rin da ist, die Kommunen nicht vergessen. Die kommunale Selbstverwaltung in Deutschland ist Ausdruck unseres vielfältigen sozialen Lebens. Deshalb muss uns die Finanzsituation der Kommunen Sorgen machen. Die Krise, die wir jetzt erlebt haben, schreit danach, dass wir endlich neue Lösungen finden – auch was die steuerlichen Grundlagen der Kommunen anbelangt. Wolfgang Schäuble als unser Finanzminister wird das versuchen. Ich sage an dieser Stelle nur: Ich weiß, dass Städte wie Düsseldorf, Frankfurt und München mit der Gewerbesteuer einen ganz wichtigen Einnahmeposten haben. Aber die Masse der Städte in Deutschland ist sehr krisenabhängig. Deshalb muss man Wege finden, wie man eine dauerhafte kontinuierliche Ausgestaltung der Kommunen schafft. Man kann sehen, wie die Kraft der Kommunen zu neuen investiven Leistungen in den letzten Jahren nachgelassen hat und wie die sozialen Aufgaben gewachsen sind. Auch darüber wird man in umfassender Weise sprechen müssen.

Ich spreche über die Kommunalpolitik deshalb so intensiv, weil die kommunale Selbstverwaltung und das ehrenamtliche kommunale Engagement für Deutschland prägend sind. Wenn diese eines Tages wegfielen, weil Menschen sagen: „Ich kann im Stadtrat sowieso nichts mehr entscheiden außer Mangelverwaltung“, hätten wir ein echtes Problem, was den Gesamtaufbau und die Gesamtstruktur unserer Gesellschaft anbelangt.

Der große dritte Komplex betrifft die Frage: Was ist die Aufgabe des Staates? Hierzu will ich kursorisch nur sagen: Es geht um Arbeit. Ich glaube, wir dürfen die Vision „Arbeit für alle“ nicht aus den Augen verlieren. Wir können das schaffen. Das müssen wir gerade auch angesichts unserer demografischen Herausforderungen schaffen. Deshalb war es in der Wirtschafts- und Finanzkrise unser

höchstes Anliegen zu sagen: Ein Land, das kaum Rohstoffe hat, muss schauen, dass die Menschen, dass die Fachkräfte ihre Arbeit behalten.
Wir müssen uns Arbeitswelten der Zukunft erschließen. Wir müssen, wenn wir unseren Wohlstand halten wollen, so viel besser sein, wie wir an anderer Stelle teurer sind. Wir brauchen eine vorurteilsfreie Diskussion über die Weiterentwicklung der sozialen Sicherungssysteme. Es hat keinen Sinn, reflexartig aufzuschreien, wenn wir über die Kapitaldeckung bei der Pflegeversicherung sprechen oder wenn wir über die ein Stück weite Entkoppelung der Gesundheitskosten von den Arbeitskosten sprechen. Denn das würde einen Druck erzeugen, der nicht zu mehr sozialem Fortschritt führt. Ich hoffe, dass wir das Thema jenseits von Wahlkämpfen voranbringen können – wobei es in Deutschland kaum eine Zeit ohne Wahlkämpfe gibt. Ich habe bei meinem Türkeibesuch mit dem Premierminister Erdogan darüber gesprochen. Er hat mich voller Mitleid angesprochen und gesagt: Ihr habt ja wohl immer Wahlen. – Da fragt man sich, ob wir überhaupt einmal handlungsfähig sind und Dinge voranbringen können.
Wir haben also Aufgaben im Gesundheitssystem, bei der Rente, aber auch bei der Pflege. Das liegt auf der Hand. Wir müssen unsere Finanzen konsolidieren. Denn wir dürfen nicht auf Kosten der zukünftigen Generationen leben. Ein Leben auf Kosten der künftigen Generationen ist kein sozialer Fortschritt. Wenn man nur an eine Generation denkt, aber an die nächste nicht mehr, ist das vollkommen unsinnig. Wir brauchen eine Umweltpolitik, die ressourcenschonend ist. Weiterhin haben wir natürlich die Aufgabe, global eine Ordnung im Wirtschafts- und Finanzbereich zu schaffen, die uns von Krisen der Art, wie wir sie hatten, fernhält.

Im Zusammenhang mit der Solidarität der Gesellschaft im 21. Jahrhundert und dem sozialen Fortschritt kommt ein interessanter Punkt ins Spiel, den Staaten in frühen Zeiten so nicht zu beachten hatten: Heute kann man einen Nationalstaat nicht mehr entkoppelt gestalten und nicht mehr eine Ordnung vertreten, die von anderen Staaten in den Grundsätzen nicht mitgetragen wird. Wenn wir, die Europäer und die Amerikaner, die Einzigen wären, die sagten, die Würde des Menschen ist unantastbar, und wenn die anderen eine völlig andere Vorstellung hätten, wäre ein Fortschritt sehr schwierig. Wenn Kinderarbeit oder übermäßiger Ressourcenabbau auf der einen Seite möglich sind, wir dagegen auf der anderen Seite dafür eintreten, dass man nachhaltig wirtschaftet, kann das nicht funktionieren.

Eine der spannendsten politischen Aufgaben, die vor uns liegen, ergibt sich aus der Frage: Wie kann ich andere Staaten davon überzeugen, dass es ein gemeinsames global umspannendes Interesse gibt? Das Thema hat zuerst in der Entwicklungspolitik und dann in der Umweltpolitik eine Rolle gespielt. Heute wissen wir, dass wir durch Exzesse auf amerikanischen und angelsächsischen Märkten in Mitleidenschaft gezogen werden und unsere Art zu leben nur fortsetzen können, wenn wir andere von einer weltweiten Ordnung überzeugen. Dieser Spannungsbogen von der kleinen Einheit, von der Befähigung des Einzelnen bis hin zu der Überzeugung von 198 Nationalstaaten – das entspricht ungefähr der Zahl der in der UNO engagierten bzw. akkreditierten Mitglieder – muss immer bedacht werden, wenn wir sozialen Fortschritt auch bei uns erreichen wollen.

Das alles könnte mutlos machen. Aber glücklicherweise sind wir Christenmenschen, die Gottvertrauen und Kraft

haben. Auf Ihrer Einladungskarte ist so wunderbar ein Bild von der Wolfsburg dargestellt: Gott ist ein wirkendes Feuer. Ich glaube, dieses wirkende Feuer sollten wir auch in uns halten. Wir können vieles systematisch aneinanderreihen. Aber irgendwoher brauchen wir die Kraft, aus der wir das alles schöpfen. Ich meine, der christliche Glaube ist für uns eine gute Kraft – ein wirkendes Feuer, womit wir all das, was wir schon geschafft haben, freudig anschauen können, bei dem wir die Augen nicht vor unseren großen Problemen verschließen müssen und wodurch wir die Kraft haben, für diejenigen weiterzumachen, die nach uns kommen. Ganz in Sinne von „Macht euch die Erde untertan!" sollten wir eine Welt mit menschlichem Ansehen gestalten, in der uns der Zusammenhalt und die Solidarität Kraft geben und uns nach vorne weisen. In diesem Sinne haben Sie, finde ich, ein schönes Thema gewählt.
Ich weiß, dass wir noch viel Arbeit vor uns haben. Aber wenn man durch die Welt reist, sollte man nicht verkennen, dass Deutschland ein sehr schönes und ein sehr lebenswertes Land ist. Wenn man bedenkt, was wir in unserer Geschichte schon geschafft haben, welche Probleme diejenigen zu der Zeit, als diese Akademie gegründet wurde – wenige Jahre nach dem Ende der Zweiten Weltkriegs und nach der Gründung der Bundesrepublik Deutschland –, vor sich hatten, sollten wir sagen: Es ist gut, dass für uns noch ein bisschen Arbeit übrig geblieben ist. Wir sollten sie mit Mut und Gottvertrauen anpacken.

III. RELIGION UND ÖFFENTLICHKEIT

„Katholisches Profil im politischen Alltag“

Die Sorge, im wiedervereinigten Deutschland könnte die katholische Sichtweise der Dinge kein Gehör mehr finden, brachte einige Abgeordnete, Beamte und Journalisten dazu, in Bonn 1993 den Kardinal-Höffner-Kreis zu gründen. 20 Jahre später spricht ausgerechnet Angela Merkel die Festrede vor dieser inzwischen nach Berlin umgezogenen katholischen Runde. Merkel war die Personifizierung der Sorgen von einst. Protestantisch, preußisch, pragmatisch – so gar nicht rheinisch-katholisch. Es war eine schwierige Annäherung. Inzwischen freuen sich die Katholiken über eine Kanzlerin, die nur gut über den neuen Papst spricht, aus Enzykliken zitiert und von den Kirchen sogar verlangt, gerade im Osten mehr für den Glauben zu werben.

Als Kardinal Lehmann 1987 Vorsitzender der Deutschen Bischofskonferenz wurde, da würdigte er seinen Vorgänger, Joseph Kardinal Höffner, mit den Worten – ich zitiere: „Die Menschen waren dankbar für eine klare Orientierung in einer verwirrten und verwirrenden Zeit." Diese Worte zeigen, wie gut der Name von Kardinal Höffner zu Ihrem Kreis passt. Ihre Treffen und Ihre Gemeinschaft dienen dazu, sich immer wieder eigener Überzeugungen zu vergewissern, Orientierung zu finden und Orientierung zu geben. Und so verleihen Sie dem katholischen Profil im politischen Alltag – und ich sage: auch ganz speziell in unserer CDU/CSU-Bundestagsfraktion – ein Gesicht und eine Stimme. Diesem Anspruch stellt sich der Kreis seit 20 Jahren. Deshalb möchte ich herzlich zu Ihrem Jubiläum gratulieren. Diese 20 Jahre scheinen auf den ersten Blick ja ein überschaubarer Zeitraum zu sein. Aber wenn wir uns vergegenwärtigen, was alles in diesen 20 Jahren passiert ist, dann kann man sagen, die Welt hat sich seit 1993 rasant verändert. Deutschland und Europa sind weiter zusammengewachsen. Erkenntnisse, wie die Entschlüsselung des menschlichen Genoms haben neue Grenzfragen des Lebens aufgeworfen. Die digitale Revolution ist in nahezu alle Lebensbereiche vorgedrungen. Wer kann sich heute noch eine Welt ohne Internet vorstellen? Auch die Distanz zwischen den Erdteilen hat sich im Zuge der Digitalisierung und Globalisierung gefühlt verringert. Und dieser Prozess ist noch lange nicht am Ende. Dazu kommen aktuelle Herausforderungen, wie die europäische Schuldenkrise, der demografische Wandel oder unser Weg in ein Zeitalter der erneuerbaren Energien.

Ja, „Orientierung in einer verwirrten und verwirrenden Zeit" – diese war nicht nur in den 70er und 80er Jahren vonnöten. Jede Zeit scheint ihre Herausforderungen zu haben. Um darin nicht zu versinken, brauchen wir festen Boden unter den Füßen – verlässliche Leitlinien, Werte, Kriterien, die uns bei den vielen Entscheidungen, die wir zu fällen haben, Orientierung und Halt geben. Jeder, der aus unserer Fraktion heute da ist – Gerda Hasselfeldt, stellvertretend für die Fraktionsführung und viele andere –, weiß ja, in wie vielen Gebieten wir jeden Tag Entscheidungen zu treffen haben, wobei wir gar nicht jedes Mal von Anfang an darüber nachdenken können. Jeder muss dies in seinem Umfeld tun. Verlässliche Leitlinien, Orientierung und Halt – vor diesem Hintergrund lässt sich die Bedeutung des Kardinal-Höffner-Kreises ermessen. Als Forum engagierter Christen geht er der grundsätzlichen Frage nach, wie eine Politik aus christlicher Verantwortung aussehen und gelingen kann. Und dies ist auch mein Thema heute Abend.

Mein Ausgangspunkt ist dabei das christliche Menschenbild. Der Mensch ist – so steht es in der Bibel – von Gott als sein Ebenbild erschaffen und zur Freiheit berufen. In unserem Grundgesetz ist dieses Menschenbild in Artikel 1 mit den Worten verankert: „Die Würde des Menschen ist unantastbar." Jeder Mensch ist einzigartig. Deshalb verbietet sich jedes Bestreben, Menschen nach Gutdünken zu formen – sei es durch Klonen, sei es durch Vorgabe einer bestimmten Lebensweise. Anfang und Ende unseres Lebens stehen unter einem unbedingten Schutz.

Es ist eine Frage der Menschlichkeit, jedem Einzelnen Raum zur Entfaltung zu geben, jedem Einzelnen erst einmal etwas zuzutrauen, bevor man ihm misstraut. Der Mensch ist zur Freiheit geboren – zu einer Freiheit, die mit Verantwortung für sich und für andere einhergeht. Der Theologe und Ökonom Joseph Kardinal Höffner nahm vor allem die Frage nach einer entsprechenden Wirtschaftsordnung in den Blick. Ich zitiere: „Das Sachziel der Wirtschaft besteht in der dauernden und gesicherten Schaffung jener materiellen Voraussetzungen, die dem Einzelnen und den Sozialgebilden die menschenwürdige Entfaltung ermöglichen.“ – Ich weiß nicht, ob man heute noch von Sozialgebilden sprechen würde, aber man sieht, auch die Sprache entwickelt sich. – Dieser Leitlinie folgten auch die Begründer der Sozialen Marktwirtschaft. Sie haben sich zentrale Grundsätze der katholischen Soziallehre und der evangelischen Sozialethik zueigen gemacht. Und deshalb ist die Soziale Marktwirtschaft eine Wirtschafts- und Gesellschaftsordnung, die Eigeninitiative und soziale Verantwortung, Gewinnstreben und Gemeinnützigkeit, privates Unternehmertum und die ordnende Hand des Staates verbindet.

Und ich brauche jetzt nicht, weil ich hier in einem Kreis gebildeter Menschen spreche, von meinem jüngsten Erlebnis des Lesens der Enzyklika Rerum Novarum, was bei mir etwas länger gedauert hat, zu sprechen. Aber hierbei habe ich erfahren, wie die katholische Soziallehre ihren Ursprung gefunden, sich fortentwickelt hat und in Deutschland glücklicherweise auch eine Heimat in Form der Sozialen Marktwirtschaft gefunden hat.

Wettbewerb soll die schöpferische Kraft entfalten zum Wohle aller Bürger. Aber was passiert, wenn die Wirtschaft ihre dienende Funktion aus den Augen verliert? Das haben wir ja gesehen, als die Finanz- und Wirtschaftskrise ihre Wirkung zeigte. Wenn Grundeinsichten der Sozialen Marktwirtschaft verloren gehen, dann schwinden die Selbstregulierungskräfte der Märkte, dann weicht Gemeinwohlorientierung der rücksichtslosen Gewinnsucht, dann steht das Wohl Einzelner über dem Wehe vieler.

Sehr eindrücklich waren dazu die Worte von Papst Franziskus. Er warnt, dass hinter der Finanz- und Wirtschaftskrise im Kern eine Krise des Menschenbildes steht. Er sieht ein Denken überhandnehmen, das – ich zitiere: „den Menschen auf ein einziges Bedürfnis reduziert: den Konsum. Und schlimmer noch, heute wird der Mensch selbst als Konsumgut betrachtet, das man benutzen und wegwerfen kann." – Ende des Zitats. Ich glaube, diese Worte müssen jeden aufschrecken, der sich dem christlichen Menschenbild verpflichtet sieht. Eine zentrale Lehre aus der Krise ist daher, dass wirtschaftliches Handeln ohne Zweifel Freiräume braucht, aber ohne die ordnende Hand des Staates, ohne Leitplanken, die die Politik setzen muss, Gefahr laufen kann, den Menschen zu vergessen.

Diese Balance von wirtschaftlicher Freiheit und ordnender Hand des Staates bildet den Kern der Sozialen Marktwirtschaft. Sie bildet im Grunde auch den Kern unserer vielen täglichen politischen Auseinandersetzungen – beispielsweise zwischen Arbeitnehmergruppe und PKM und zwischen den verschiedenen Flügeln innerhalb der Fraktion. Aber genau das ist es ja, was unsere Stärke ausmacht. Wir können mit einem gemeinsamen Leitbild verschiedenste Fragen untereinander austarieren und immer wieder Lösungen dafür finden.

Dies führt uns zu einer nächsten Frage, nämlich nach unserem Verständnis von Wirtschaftswachstum. Wachstum ist unerlässlich für Wohlstand. Wohlstand ist eine wichtige Grundlage für ein menschenwürdiges Leben. Menschliches Leben geht allerdings über die materielle Dimension hinaus. Wenn wir Wachstum mit Wohlstandsmehrung in umfassendem Sinne gleichsetzen wollen, dann muss der rein quantitative Wachstumsbegriff durch einen qualitativen erweitert werden. Das ist im Übrigen ein Gedanke, der die Soziale Marktwirtschaft von Anfang begleitet hat.

Ludwig Erhard brachte dies auf den Punkt: „Wohlstand für alle“ – und nicht Wachstum zum Wohle Einzelner.
Aber was nun genau macht ein qualitativ gutes Wachstum aus? Wie bemisst sich Lebensqualität in einer Volkswirtschaft? Die Prioritäten mögen von Region zu Region variieren oder sich im Zeitablauf verändern, aber eines kristallisiert sich doch immer wieder heraus: Ein modernes Wohlstandsverständnis geht über materielle Aspekte hinaus. Für ein glückliches, erfülltes Leben braucht es mehr: Familie und gute Freunde, Gesundheit, eine saubere Umwelt und das eigene Engagement für eine gute Sache. Um einige Gesichtspunkte genauer herauszuarbeiten, hatte ich Experten zum heutigen Internationalen Deutschlandforum eingeladen. Denn von der Politik werden natürlich schlüssige Antworten darauf erwartet, wie Lebensqualität und Fortschritt zu erreichen sind.
Unstrittig dabei dürfte sein, dass die Familie als Keimzelle unserer Gesellschaft besondere Wertschätzung verdient. Kardinal Höffner hat einmal die Worte geprägt: „Auch der Bischof stammt aus einer Familie; und ich weiß, welche Kraft sich hier birgt. Ohne Herkunft keine Zukunft.“ Für die meisten Menschen ist Familie das Wichtigste überhaupt – ein Ort der Geborgenheit, ein Ort der Verlässlichkeit, ein Ort der Unterstützung. Dabei zeigt sich am Beispiel der Familie, was für unsere Gesellschaft insgesamt gilt: Familien sind heute vielfältiger als noch vor einigen Jahren. Aber eines ist unverändert geblieben: Familien leben vom Miteinander und Füreinander. In ihnen übernehmen Menschen dauerhaft gegenseitige Verantwortung. In unserem Programm heißt es: Eltern übernehmen für Kinder dauerhaft Verantwortung und Kinder für ihre Eltern.
In Familien werden soziale Verhaltensweisen geprägt, Werte gelebt und vorgelebt – Werte wie Verantwortung,

Rücksichtnahme, Gerechtigkeit, Solidarität; Werte also, auf denen auch der Zusammenhalt unserer Gesellschaft beruht; Werte, auf die ein Staat baut, auf die er angewiesen ist, ohne sie selbst schaffen zu können. Deshalb gehören Familien und ihre Anliegen ins Zentrum der Politik, in den Mittelpunkt moderner Unternehmenskultur und in den Fokus der gesamten Gesellschaft.
Ich darf wohl sagen, dass die Bundesregierung Familien stärkt. Dabei bedanke ich mich für die Unterstützung im Parlament. Der Vorsitzende des Kardinal-Höffner-Kreises weiß ja, wovon ich spreche. Die Bundesregierung stärkt Familien, indem sie Freiräume eröffnet. Dazu gehört die Möglichkeit, nach der Geburt eine Auszeit zu nehmen – deshalb gibt es das Elterngeld. Dazu gehört die Möglichkeit, für pflegebedürftige Angehörige sorgen zu können, ohne gleich den Arbeitsplatz aufgeben zu müssen – deshalb gibt es die Pflegezeit. Dazu gehört, in jeder Lebensphase selbst entscheiden zu können, wie Familie und Beruf miteinander vereinbart werden – auch dafür haben wir die Grundlagen verbessert.
Dem Grundsatz der Wahlfreiheit, den wir aus vollem Herzen vertreten, müssen aber auch die Wahlmöglichkeiten entsprechen. Deshalb wird es ab August einen Rechtsanspruch auf einen Betreuungsplatz auch für Kinder ab einem Jahr geben. Der Bund hat die Länder und Kommunen dabei sehr unterstützt – bis 2014 mit insgesamt 5,4 Milliarden Euro –, obwohl die Zuständigkeit eigentlich jenseits des Bundes liegt. Aber Familien fragen nicht nach Zuständigkeiten. Sie wollen, dass ihre Probleme gelöst werden. Sie wollen, dass wir uns zwischen unseren verschiedenen staatlichen Ebenen einigen, damit sie ihr Lebensmodell verwirklichen können. Wir müssen das in unser politisches Handeln viel mehr einbeziehen. Maria Böhmer als

Staatsministerin weiß auch, wovon ich spreche. Wir müssen Lösungen finden – dafür sind wir Politikerinnen und Politiker. Die Menschen müssen ihre Wahlfreiheit leben können.

Eine andere Wahlmöglichkeit bietet das Betreuungsgeld. Damit unterstützen wir Eltern, die ihr Kind in den ersten Lebensjahren zu Hause betreuen möchten. Entscheiden sich beide Elternteile für eine Rückkehr in den Beruf, sind sie auf die Flexibilität ihres Arbeitsumfelds angewiesen. Die Lebensqualität von Familien hängt wesentlich von der frei verfügbaren Zeit ab. Deshalb wird auch der Faktor Zeit in unserer Politik eine immer größere Rolle spielen. Unsere „Charta für familienbewusste Arbeitszeiten" und unser Unternehmensprogramm „Erfolgsfaktor Familie" haben bereits für ein Umdenken auf vielen Führungsetagen gesorgt. Gemeinsam mit Arbeitnehmern wird nach kreativen Antworten gesucht, um familiären und beruflichen Pflichten gleichermaßen gerecht werden zu können.

Auch außerhalb der Berufswelt ist im Alltag Kreativität gefragt, um Bedürfnisse von Familien besser berücksichtigen zu können – z.B. bei Öffnungszeiten von Kinderarztpraxen, Ämtern und Behörden oder bei Nahverkehrsangeboten. Da gibt es viele praxistaugliche Beispiele, wie etwa ein Rufbus-System in Sachsen-Anhalt, das, wenn Kinder zum Beispiel in den Kindergarten oder in die Kindertagesstätte zu fahren sind, Familienbedürfnissen entgegenkommt. Vieles ist machbar. Familien spüren genau, wie willkommen sie in einer Gemeinde sind. Davon machen sie im Übrigen zum Teil auch ihre Wohnortentscheidung abhängig. Deshalb ist die Frage „Wie gehe ich mit Familien um?" auch eine Frage der Zukunftsfähigkeit der Kommunen. Diese Frage wird angesichts unserer demografischen Herausforderungen weiter an Bedeutung gewinnen.

Offene Türen für jedes Kind muss gewiss auch unser Bildungssystem bieten. Bildung ist der Schlüssel für ein eigenverantwortliches Leben und für gesellschaftliche Teilhabe. Für uns muss es heißen: Jedes Talent zählt. Daher gilt es auch, Kindern und Jugendlichen aus schwierigen Verhältnissen unter die Arme zu greifen. Dafür haben wir Bildungs- und Teilhabepakete für Kinder aus sozial schwachen Familien entwickelt. Dafür engagieren wir uns gemeinsam mit der Wirtschaft im Rahmen des Ausbildungspakts. Und dem dient auch unsere Initiative „Bildungsketten bis zum Ausbildungsabschluss“. Denn bei Bildung gilt genau wieder das, was ich zu Familien gesagt habe. Familien wandeln unentwegt, je nach Alter der Kinder, zwischen den staatlichen Zuständigkeiten. Das interessiert sie aber nicht besonders, sondern sie möchten, dass auf die Bedürfnisse der Kinder eingegangen wird.
Es freut mich natürlich, dass wir es geschafft haben, Verbesserungen in allen Bildungsbereichen zu erreichen. Weniger Schulabgänger verlassen die Schule ohne Abschluss. Weniger Jugendliche bleiben ohne Ausbildungsplatz. Das Schulabschlussniveau steigt und die Zahl der Studienanfänger liegt auf einem Rekordniveau. Aber ich möchte auch sagen, dass, wie wir in vielen europäischen Ländern erleben, nicht alle studieren müssen. Es ist wirklich auch eine gute Fähigkeit, wenn man eine duale Ausbildung absolviert. Deshalb sind alle Bildungsabschlüsse gleichermaßen willkommen.
Das Kapitel Bildung ist aber heute kaum im Alter von 20, 25 oder auch 30 Jahren zu beenden. Das ist ein weiterer großer Unterschied zu früher. Lebenslanges Lernen erweist sich vielmehr als Kennzeichen einer vitalen Gesellschaft im demografischen Wandel. Ich finde, dies ist ein sehr wichtiges Thema, weil es eine große kulturelle

Dimension hat. Wir haben Ähnliches in den neuen Bundesländern nach der deutschen Wiedervereinigung erlebt, als plötzlich Jüngere den Älteren Umschulungen anbieten konnten. Das wird künftig immer mehr zur täglichen Erfahrung. Wer sich der Digitalisierung nicht verweigern will und erklärt, dass er damit besonders modern ist, der muss sich auch darauf einstellen, dass er nur noch Jüngere findet, die besser sind als er selber. Ich mache diese Erfahrung auch dauernd, aber überlebe sie auch.

In einem Impulspapier zur chancengerechten Gesellschaft hat die Deutsche Bischofskonferenz zu Recht unterstrichen, dass sich dem Einzelnen nicht nur einmal, sondern immer wieder Wege eröffnen müssen; und das muss sich auch in der Bildung widerspiegeln. Es ist nicht so, dass man einmal nach der Kindheit die Tür aufmacht und dann geht der Weg geradeaus weiter, sondern es müssen immer wieder neue Wege möglich sein. Religionsgemeinschaften und insbesondere die Kirchen nehmen sich ja auch dieser Aufgabe an. Dass wir heute in der Katholischen Akademie sind, ist kein Zufall. Denn die Katholische Akademie ist nun wirklich ein Ort, an dem man sich dieser Aufgabe stellt. Herzlichen Dank dafür.

Religiöse Bildung allerdings geht über reine Wissensvermittlung hinaus. Sie ist eine Gewissens- und Herzensbildung. Ich glaube, es ist ganz wichtig, dass wir diese Form der Bildung nicht vernachlässigen. Dabei geht es nicht nur um den Religionsunterricht, sondern auch um eine Art Bildung für alle in der Gesellschaft. Und wer dafür Verantwortung übernimmt, der bereit ist, sich dieser Gewissens- und Herzensbildung zu widmen, gewinnt die besondere Anerkennung unserer Gesellschaft.

Kirchen bieten Heimat, sie bieten Gemeinschaft, sie geben Halt und Orientierung, sie schenken Kraft und Hoffnung.

Und das macht sie für den gesellschaftlichen Zusammenhalt so wichtig und einzigartig. Es gibt Bereiche, die Politik nicht ersetzen kann. Deshalb sind wir darauf angewiesen, dass Kirchen auch das Äußerste tun, um in die Welt zu gehen und immer wieder Menschen mit Gewissens- und Herzensbildung zu überzeugen. Ich finde das sehr wichtig und möchte auch dazu ermuntern. Wir sind hier in einem ehemaligen Ostteil der Stadt. Wenn man sich anschaut, wie viele Menschen heute keinen natürlichen Zugang mehr zu Religion, zu Kirchen und zur Gewissens- und Herzensbildung haben, dann müssen wir sicherlich auch über neue Wege sprechen, wie wir Menschen erreichen können, wie ihnen die Angst davor genommen werden kann, dass sie etwas nicht wissen, dass sie vielleicht nicht so bibelkundig sind wie die, die seit dem fünften oder sechsten Lebensjahr eine kirchliche Unterweisung erfahren, und trotzdem herzlich willkommen sind. Ich möchte uns alle dazu ermuntern.

Wenn ich vom gesellschaftlichen Zusammenhalt und von Gemeinschaft in den Kirchen spreche, dann verweise ich auch auf die vielen Menschen, die ja auch auf Netzwerke angewiesen sind und außerhalb von Familien Unterstützung brauchen. Es geht um Ältere, es geht um Alleinlebende – deren Zahl wächst bei uns in Deutschland ständig. Das steigende Durchschnittsalter, das ein Effekt des sogenannten demografischen Wandels ist, hat ja zwei Seiten. Es gibt einerseits immer mehr hilfe- und pflegebedürftige Menschen. Andererseits erhöht sich auch die Zahl derer, die lange gesund sind, die sich engagieren wollen und jenseits des Arbeitslebens noch eine lange Phase haben, in der sie sich auch in die Gesellschaft einbringen können – nicht müssen, aber können. In jedem Fall gewinnt die Lebensphase des Alters weiter an Bedeutung. Es ist eine

vollständig neue Lebensphase, die wir in früheren Jahrzehnten so nicht hatten.
Und deshalb sind auch hier die Worte von Kardinal Höffner sehr wichtig, der zu bedenken gab: „Es genügt nicht, unserem Leben mehr Jahre zu geben, wir müssen den Jahren mehr Leben geben." Da ist natürlich jeder einzelne selber gefragt, die Lebensjahre nach dem Erwerbsleben zu gestalten. Staat und Gesellschaft können aber helfen, die Chancen zu verbessern, sich auch als älterer Mensch einzubringen. Deshalb sind die Schaffung und das Erlebnis des Bundesfreiwilligendienstes eigentlich eine der spannenden Erfahrungen in dieser Legislaturperiode. Wenn Sie mich am Ende der letzten Legislaturperiode gefragt hätten, was passieren würde, wenn es den Zivildienst nicht mehr gäbe, hätte ich gesagt, dass es eine Katastrophe wäre und nicht gelingen würde. Die Wehrpflicht wurde schon fast nur noch unter dem Aspekt betrachtet, was deren Aussetzung für den Zivildienst bedeuten würde. Und als es dann soweit war, dass wir uns entschieden haben, aus verteidigungs- und sicherheitspolitischen Gründen die Wehrpflicht auszusetzen, standen wir vor einer neuen Herausforderung. Wir haben den Bundesfreiwilligendienst geschaffen; und wir haben ihn für alle Altersgruppen geöffnet.
„Den Jahren mehr Leben geben" – das bedeutet, dass man sich dann noch engagieren kann. Unsere Erfahrung ist, dass ausreichend viele Menschen beim Bundesfreiwilligendienst mitmachen wollen. Nicht ausreichend hingegen – ich weiß nicht, ob jemand aus dem Haushaltsausschuss da ist – ist das Geld, um alle Bewerber anzunehmen. Wir haben interessanterweise einen hohen Anteil an Menschen in höherem Alter, jenseits des klassischen Zivildienstalters, die von der Möglichkeit des Bundesfreiwilligendienstes Gebrauch machen.

„Den Jahren mehr Leben geben" – das bedeutet aber auch, im Alter ein Leben in Würde führen zu können. Die Bundesregierung hat ein Konzept zur Förderung eines selbstbestimmten Lebens im Alter entwickelt. Es reicht von der Gesundheitsförderung bis zum altersgerechten Wohnungsumbau – im Übrigen eine Riesenaufgabe, vor der wir stehen. Denn die meisten Menschen wünschen sich, solange wie möglich in ihrer gewohnten Umgebung zu leben. Diese Themen sind Teil unserer Demografiestrategie, die Antworten auf den Wandel der Bevölkerungsstruktur bündelt. Wir haben einen breiten gesellschaftlichen Dialogprozess darüber begonnen. Und es freut mich sehr, wenn sich auch die Kirchen in diesen Prozess einbringen, denn er wird uns viele Jahre begleiten.
Wir bekommen ja oft gar nicht so richtig mit, wenn wir nicht außer Landes reisen, was woanders los ist. Als neulich der Staatspräsident von Niger bei mir war und mir erklärte, dass 75 Prozent seiner Bevölkerung unter 25 Jahre alt sind, habe ich erst mal begonnen, nachzuforschen, wie viel Prozent der Bevölkerung bei uns unter 25 Jahre alt sind. Es sind geschlagene elf Prozent. Da sehen Sie die unterschiedliche Perspektive. Wir können uns vielleicht mit einer anderen Geschichte, die ich auch schon öfters erzählt habe, trösten. Als ein Asylbewerber aus Äthiopien mit seiner Mutter telefonierte, sorgte sie sich, ob es ihm im Winter hier zu kalt sei, worauf er antwortete: Nein, Mutter, damit komme ich klar; aber eines wollte ich dir noch sagen: Hier könntest du gut auf einer Bank im Freien sitzen, hier fallen Ältere nicht auf. Eine wahre Begebenheit; das habe ich mir nicht ausgedacht.
Wenn wir uns Gedanken über Zusammenhalt und Gerechtigkeit machen, um daraus Schlussfolgerungen zu ziehen, dann gilt dies ebenso mit Blick auf kommende Generatio-

nen. Auch sie haben einen Anspruch auf ein Leben in Würde. Sie sollten nicht weniger Chancen als wir heute haben. Die Deutsche Bischofskonferenz hatte unter Leitung von Kardinal Höffner gemahnt – ich zitiere: „Verantwortung des Menschen für die Schöpfung ist Verantwortung dafür, das Erbe zu hüten und nicht anstelle eines Gartens eine Wüste zu hinterlassen."

In der Tat liegt es an uns, was wir unseren Kindern vererben und was wir auf Kosten der Zukunft verbrauchen – sowohl im Haushaltsbereich als auch im Bereich der Ressourcen. Es liegt an uns, wie wir wirtschaftliche Leistungsfähigkeit, Umweltschutz und soziale Verantwortung in ein neues Gleichgewicht bringen. Darin liegt der Kern von Nachhaltigkeit, an der wir unser politisches und auch unser wirtschaftliches Handeln messen müssen.

Das Nachhaltigkeitsprinzip, das, in der deutschen Forstwirtschaft geprägt, in diesem Jahr übrigens 300 Jahre alt wird, bedeutet nichts anderes, als dass wir nicht über unsere Verhältnisse leben dürfen. Wir sollen nicht mehr ausgeben, als wir erwirtschaften. Damals, vor 300 Jahren, ging es um die Zukunft des Silberbergbaus. Zum Einschmelzen der Erze brauchte man Holz, was erheblichen Kahlschlag nach sich zog. Deshalb sollte nicht mehr Holz eingeschlagen werden, als nachwachsen konnte. Das dahinter stehende Prinzip leitet uns auch heute in unserer politischen Arbeit.

Die Schöpfung zu nutzen, ohne ihren Wert für künftige Generationen zu mindern – darauf zielt auch unsere Energiewende ab. Sie fußt auf dem Ausbau von erneuerbaren Energien und der Steigerung von Energieeffizienz. Wir wissen, dass wir damit einen Schritt wagen, der auch international aufmerksam verfolgt wird. Wir wissen auch, dass wir noch schwierige Diskussionen vor uns haben.

Aber ich glaube, die Worte von Kardinal Höffner sollten uns ermutigen, dass wir das auch schaffen. Und ich glaube, wir können erleben, dass eine CO_2-arme Entwicklung keineswegs Verzicht auf Wohlstand bedeuten muss. Wir haben es ja zum Beispiel schon geschafft, CO_2-Emissionen vom Wirtschaftswachstum zu entkoppeln. Wir müssen es noch schaffen, den Flächenverbrauch vom Wachstum zu entkoppeln.

Nachhaltigkeit hat viele Facetten. Sie ist eine Querschnittsaufgabe, die jedes politische Ressort betrifft. Der Gedanke der Nachhaltigkeit wird auch weiter an Bedeutung gewinnen. Davon bin ich zutiefst überzeugt. Mit der Globalisierung wird es auch für uns alle und nicht nur für Experten der Entwicklungspolitik immer natürlicher und selbstverständlicher, dass wir unser eigenes Leben nicht denken, ohne auch auf das Leben anderer zu schauen. Wir sehen ja auch an Flüchtlingsströmen und Konflikten, wie eng wir miteinander verbunden sind. Es gibt also politische Herausforderungen zur Genüge.

Ich möchte schließen mit einem Dank an die CDU/CSU-Bundestagsfraktion dafür, dass sie sich, insbesondere Volker Kauder gemeinsam mit anderen, das Thema Christenverfolgung auf die Fahne geschrieben hat. Wir haben diese Frage zum ersten Mal auch in unsere außenpolitischen Grundsätze der Koalition aufgenommen. Das sind nicht nur Worte; diese werden auch durch praktische Arbeit gelebt. Wir fordern zu Recht ein, dass die Freiheit der Christen genauso ein Grundrecht ist wie die Freiheit aller anderen Religionen.

Zum Glück befähigt der christliche Glaube nicht nur zur Freiheit in Verantwortung. Er stiftet auch Vertrauen und Zuversicht, neue Herausforderungen bewältigen und lösen zu können. Wir sind ja jeden Tag daran, das zu tun.

Manch einer findet, dass manches zu langsam gehe. Manch einer findet, dass man hinterm Rücken zu schlecht übereinander spreche. Aber der gute Wille ist da; und insofern sind wir auf dem rechten Weg. Das hängt damit zusammen, dass uns ein innerer Wertekompass mitgegeben ist, an dem wir uns ausrichten und aufrichten können. Das ist ein Geschenk, das Sie und uns auch in den kommenden Jahren begleiten möge – ein Geschenk, das wir hoffentlich reichlich und richtig zu nutzen verstehen; ein Geschenk, dessen man sich nicht nur an runden Geburtstagen wie heute erfreuen soll.

„Den reformatorischen Geist in die Welt tragen“

Angela Merkel musste zunächst Anfang der 90er Jahre lernen, dass in der politischen Topografie der alten Bundesrepublik CDU-Politiker in der institutionalisierten evangelischen Kirche skeptisch betrachtet wurden, während demgegenüber SPD-Politikern immer wieder auch Wohlwollen entgegenschlug. Bei der katholischen Kirche war es umgekehrt. Insofern war es ein besonderer Akt, dass die protestantische Bundeskanzlerin bei einer Synode der Evangelischen Kirche als offizielle Rednerin geladen war und sprach. Merkel hatte durchaus in kleinen Runden auch mal Kritik an liturgischen Auswüchsen ihrer Kirche geübt, aber auch manche Äußerung als „zu links“ missbilligt. Doch während ihrer Kanzlerschaft gab es etwa bei der Debatte um die Stammzellforschung auch Annäherungen. Auf diese wechselhafte Beziehung also spielt Merkel bei ihrer Rede an, die hier dokumentiert ist.

„Ich freue mich, als ein Teil des weltlichen Regiments hier zu Wort zu kommen. Von mir ist auch nichts Schlimmes zu erwarten; im Gegenteil: Man ist ja heute auch froh, wenn man von der Kirchenseite freundlich behandelt wird. (...)

Wir befinden uns jetzt mitten in der Luther-Dekade. Das Reformationsjubiläum 2017 rückt näher. Es ist spannend, dass Sie in diesen Tagen hier aus dem Blickwinkel des Johanneszitats „Am Anfang war das Wort" darüber diskutieren. Die Interpretationen dieses Zitats füllen ganze Bücher; Sie haben auch in vielen Teilen darüber gesprochen.

Für mich persönlich ist immer noch das sehr beeindruckend, was Václav Havel in seiner Dankesrede anlässlich der Verleihung des Friedenspreises des Börsenvereins des Deutschen Buchhandels 1989, zu der er nicht persönlich kommen konnte, zum Satz „Am Anfang war das Wort" ausgeführt hat. Ich will ihn deshalb zu Beginn zitieren: „Wenn das Wort Gottes der Quell all seiner Schöpfung ist, dann ist der Teil dieser Schöpfung, den das Menschengeschlecht darstellt, er selbst nur aufgrund eines anderen Wunders Gottes, nämlich des Wunders des menschlichen Wortes. Und wenn dieses Wunder der Schlüssel zur Geschichte des Menschen ist, dann ist es zugleich auch der Schlüssel zur Geschichte der Gesellschaft, ja, vielleicht ist es das erste nur, weil es das zweite ist; wäre nämlich das Wort nicht eine Art Kommunikation zwischen zwei oder mehreren menschlichen ‚Ich', dann wäre es wohl überhaupt nicht."

So, meine Damen und Herren, wird deutlich, warum der Satz „Am Anfang war das Wort" auch für die Reformation gilt. Martin Luthers Thesenanschlag war eine Mischung aus Verstand, Wissen und vor allen Dingen Gewissen und einer Tat; Wort und Tat bildeten eine Einheit. Mit Sicherheit war er ein Akt der Freiheit eines Christenmenschen.

Wenn sich dies am 31. Oktober 2017 zum 500. Mal jährt, ist das natürlich ein Anlass, der uns fragen lässt: Wie ist unser Land dadurch geprägt worden? Welche Prägekraft geht davon auch für die Zukunft unseres Landes aus?
Luthers Entscheidung, seine Gedanken und Zweifel in Worte zu fassen und diese öffentlich auszuhängen, hat vielen Menschen aus der Seele gesprochen und ihnen Kraft gegeben und mehr Mut gemacht, um ihr Unbehagen, ihre ungeklärten Fragen doch auszusprechen. Die Bibelübersetzung in Kombination mit der Erfindung des Buchdrucks hatte gravierende Veränderungen. Wort, Sprache und Kommunikation als Schlüssel zu Glaube, Wissen und Demokratie – dieser Schlüssel ist heute genauso wertvoll, wie er es damals war, auch wenn uns das Ganze heute in anderer Form begleitet; wir haben es ja eben bei Twitter gesehen. Aber wenn wir uns die tiefgreifenden Veränderungen durch den Buchdruck in der damaligen Gesellschaft vor Augen führen, erahnen wir vielleicht, welche tiefgreifenden Veränderungen wir durch die Zeit des Internets noch gewärtigen werden.
Wir sollten uns von der Leidenschaft, mit dem sich damals die Reformatoren dem Thema „Bildung" gewidmet haben – dies erinnert mich auch an den Festakt 2010 in Wittenberg zum Gedenken an Melanchthon –, auch heute leiten lassen. Diese Frage sollten wir uns immer wieder vor Augen führen. Denn Bildung ist wesentliche Grundlage einer demokratischen Gesellschaft. Deshalb sind für mich Reformation und Bildung auf das engste miteinander verknüpft.
Nach unserem Staatsverständnis sind Politik und Kirche aus guten Gründen getrennt. Gleichzeitig – das ist kein Widerspruch; und deshalb habe ich mich auch zu meinem aktuellen Podcast entschlossen – steht für mich die Mitverantwortung der Politik für ein gemeinsames Bewusst-

sein grundlegender Werte und Normen völlig außer Frage. Politik findet nicht im luftleeren Raum statt. Sie kommt bei aller Detailarbeit ohne ein Fundament nicht aus, denn sonst würde sie völlig beliebig werden. Noch schwieriger: Politik lebt von Voraussetzungen, die sie selbst nicht schaffen kann. Das heißt, wenn wir politisch handeln wollen, sind wir darauf angewiesen, dass bereits ein Fundament unserer Gesellschaft existiert.

Ich glaube, dass es eine Tatsache ist, dass die Reformation das Verständnis vom zur Freiheit berufenen, mündigen, selbst- und mitverantwortlichen Menschen beeinflusst hat – ein Menschenbild, das jeglicher demokratischer Ordnung zugrunde liegt. Deshalb ist es für die Politik nicht belanglos, ob es in unserer Gesellschaft ein Verständnis für den christlichen Glauben, für die Grundlagen des christlichen Glaubens gibt. Deshalb ist die Bundesregierung auch mit dabei, wenn es darum geht, das Reformationsjubiläum vorzubereiten und zu unterstützen. Ich sage auch ganz offen: Ich erhoffe mir, dass das Jubiläum auch, wenn man das heutzutage noch sagen darf, eine missionarische Komponente hat, dass etwas von dem Geist der Reformation auch wieder zu den Menschen gelangt, die von diesem Geist vielleicht nie gehört oder schon lange nichts mehr gehört haben.

Unserem Staat ist verfassungsgemäß eine weltanschaulich-religiöse Neutralität auferlegt – das ist völlig unstrittig. Aber die Bundesrepublik ist ausdrücklich nicht laizistisch gegründet worden. Die Präambel unseres Grundgesetzes beginnt nicht ohne Grund mit dem Satz: „Im Bewusstsein seiner Verantwortung vor Gott und den Menschen ...“ Der Gottesbezug verdeutlicht das, was hier schon erwähnt wurde, nämlich dass sich Politik nicht in Allmachts- oder Absolutheitsansprüchen verlieren darf,

wenn sie sich zum Schluss nicht in menschenfeindlichen Ideologien wiederfinden will.
Deshalb ist der Öffentlichkeitsauftrag der Kirchen, Werte zu leben, vorzuleben und zu vermitteln, so wichtig. Das Wächteramt der Kirchen gegenüber politischen und gesellschaftlichen Entwicklungen ist nicht nur aus kirchlichem Selbstverständnis wichtig. Es ist schlichtweg unverzichtbar für unsere gesamte Gesellschaft als Verantwortungsgemeinschaft geworden.
Deshalb ist der Staat aufgefordert, vernünftige Rahmenbedingungen für ein freies, politisch unabhängiges kirchliches Leben und Wirken zu sichern. Artikel 4 unseres Grundgesetzes schützt die Unverletzlichkeit der Glaubens-, Gewissens- und Bekenntnisfreiheit und gewährleistet die ungestörte Religionsausübung. In Artikel 18 der Allgemeinen Erklärung der Menschenrechte der Vereinten Nationen ist Vergleichbares niedergelegt. Dennoch sind wir weltweit unendlich weit von einer wirklichen Anerkennung und Beachtung dieses global gültigen Menschenrechts entfernt. Fanatismus, Einschränkung von Glaubensfreiheit, Geringschätzung von Glauben – das alles ist Teil unserer Lebenswirklichkeit in der Welt. Man darf es, glaube ich, auch einmal sagen: Das Christentum ist die verfolgteste Religion auf der Welt. Deshalb haben wir uns in der Bundesregierung ganz bewusst entschieden, zu sagen, dass der Kampf gegen die Verfolgung von Menschen, die eine Religion ausüben – und damit auch von Christen –, Teil unserer Außenpolitik ist.
Das Themenjahr „Reformation und Toleranz“ ist ein sehr spannendes, denn Religionsfreiheit und Toleranz müssen mit Sicherheit zusammen gedacht werden. Religionsfreiheit bedeutet nicht nur eine Duldung religiöser Bekenntnisse oder Überzeugungen, sondern viel mehr. Toleranz

darf nicht etwa mit Gleichgültigkeit gegenüber anderen Bekenntnissen verwechselt werden. Deshalb bin ich persönlich sehr gespannt, wie Sie das Thema „Reformation und Toleranz" managen werden. Wenn Toleranz nicht nur ein Hinnehmen ist, sondern auch bedeutet, sich auf den anderen einzulassen und sich im Spiegel des anderen seiner eigenen Überzeugungen zu vergewissern, dann ist dieses Wechselspiel vielleicht etwas, das wir uns manchmal schon gar nicht mehr zutrauen. Denn oft verharrt man respektvoll und etwas sprachlos vor dem anderen und denkt sich, dass Religionsfreiheit sozusagen einen Diskurs fast schon verbietet. Oft entspringt das aus der Unsicherheit, was die eigene Bekenntnisposition anbelangt. Ich glaube, das darf man auch sagen.

Deshalb wäre es, wenn ich mir etwas wünschen dürfte, geradezu schön, wenn Sie Menschen, die sich in den Bekenntnissen der eigenen Religion vielleicht nur tastend auszudrücken vermögen, ermutigen würden, dies zu wagen und sich auf Diskurse einzulassen. Wenn ich das so sagen darf: Viel zu oft denkt man, wenn man mit Vertretern der Amtskirche zusammenkommt, dass man alles wissen und geschliffen in der Sprache sein muss, weil man sich ansonsten sehr schnell eine Blöße gibt. Ich glaube, das wäre nicht im Sinne Luthers. Also, seien Sie tolerant bei denen, die nicht ganz so sprachgewaltig sind wie Sie.

Natürlich gehört auch Respekt vor dem Andersdenkenden dazu. Deshalb ist es wichtig, dass Sie in der Diskussion über Toleranz auch darauf hinweisen, wo Christentum nicht tolerant war und wo es Fehler gegeben hat. Wir sehen uns auch in unserem Alltag immer wieder Fragen der Toleranz gegenüber. Ich denke, eine solche Herausforderung in diesen Tagen ist für uns die Frage der Beschneidung bei den Juden. Wir haben uns im Parlament sehr

intensiv mit der Frage auseinandergesetzt, wie wir einen betreffenden Gesetzentwurf gestalten können. Den vorliegenden Gesetzentwurf zur nicht medizinisch indizierten Beschneidung bei Jungen sehe ich als Beispiel der Toleranz gegenüber einer Religion und damit auch als eine Notwendigkeit an. Aber ich glaube, dass wir in unserem Alltag auch immer wieder auf solche Probleme stoßen.
Glaubens- und Religionsfreiheit entspringen ebenso wie etwa die Freiheit von Meinung und Kunst letztlich aus dem gleichen Verständnis von verantworteter Freiheit. Die Diskussion, was verantwortete Freiheit bedeutet, ist in einer Gesellschaft mit vielen Menschen, die in keiner Weise religiös gebunden sind, nicht immer einfach zu führen. Insofern ist es sehr wichtig, dass die Feierlichkeiten zum Reformationsjubiläum auch Impulse zur religiösen, geschichtlichen und gesellschaftlichen Bildung auf diejenigen gerichtet bieten, die sich keiner Religion zugehörig fühlen.
Das Bewusstsein um ein verbindendes christliches Erbe in Deutschland und Europa ist das eine. Das andere ist – auch das kann uns der Rückblick auf die vergangenen 500 Jahre zeigen –, dass wir sehr lange gebraucht haben, um bei allen Unterschieden zu einem friedlichen Miteinander zu gelangen. Es hat in Europa lange gedauert, bis man sich darauf besonnen hat, dass man unterschiedlichen Religionen angehören, dass man unterschiedliche Meinungen vertreten kann und Gewalt kein Mittel der Auseinandersetzung sein darf. Ich glaube, daran sollten wir denken, wenn wir zu Entwicklungsprozessen in anderen Teilen der Welt Stellung nehmen. Hochmut ist aus europäischer Perspektive nicht angezeigt, allenfalls Austausch von eigenen schmerzlichen Erfahrungen, die natürlich nicht überall in gleicher Form gemacht werden müssen.

Zum Jubiläum der Reformation gehört auch, dass wir an das ökumenische Miteinander denken. Ich habe gelernt, dass schon das Wort „Jubiläum“ im Zusammenhang mit der Reformation Anlass zu Diskussionen bieten kann. Ich denke, dass wir gerade in einer sehr säkularen Welt das Gemeinsame der christlichen Religionen immer wieder in den Vordergrund stellen dürfen. Ich spreche jetzt einfach auch einmal von einer Religion.
Meine Damen und Herren, der Dialog der Religionen auch über das Christentum hinaus ist natürlich auch für die Integration in unserem Land und in Europa von äußerst wichtiger Bedeutung. Die Herausforderungen, die es im Miteinander von weltlicher Gewalt und Kirchen gibt, sind natürlich über das eigene Bekenntnis hinaus vielfältig. Das will ich hier an drei Beispielen noch einmal deutlich machen.
Wir haben heute ganz im Sinne des Auftrags „Macht euch die Welt untertan“ die Aufgabe, mit unserer Welt vernünftig und nachhaltig umzugehen. Das fällt uns unendlich schwer. Nehmen wir als Beispiel den Klimaschutz. Wir haben Tage der Berichterstattung über den Hurrikan „Sandy“ hinter uns. Immer wieder werden mit großer Konzentration solche Naturgewalten beschrieben. Sie dürften nach den Erfahrungen der vergangenen Jahrhunderte sicherlich immer einmal wieder auftauchen. Sie dürften aber unter gar keinen Umständen in dieser Häufigkeit auftauchen. Es ist aber so unendlich schwer, der Menschheit klarzumachen, dass, wenn man etwas nicht tut, die Schäden sehr viel größer ausfallen, weil man nie Szenarien vor Augen hat, was hätte werden können, wenn man etwas getan hätte.
Es werden also hohe Anforderungen an die Abstraktionsfähigkeit gestellt. Aber der Mensch hat solche technische Fähigkeiten entwickelt, dass er parallel dazu auch seine

Abstraktionsfähigkeit entwickeln muss, über seinen eigenen Tellerrand und sein eigenes Leben hinaus schauen muss. Wenn dies die Menschheit nicht lernt, wird die Menschheit dafür in dramatischer Weise bezahlen müssen. Deshalb bin ich dankbar dafür, dass die Bemühungen um mehr Klimaschutz auch von den Kirchen in ganz konkreter Art und Weise unterstützt werden, zum Beispiel dadurch, dass die CO_2-Emissionen in den Gemeinden bis 2015 im Vergleich zu 2005 um 25 Prozent gesenkt werden sollen. Damit gibt man ein Beispiel. Das zeigt, wie man es machen kann. Das ist – genauso wie die Entwicklungsarbeit der Kirchen – sicherlich ein wesentlicher Beitrag dazu, mehr über Verantwortung zu lernen.

Zweitens will ich die internationale Finanz- und Wirtschaftskrise und die augenblickliche Situation in Europa, nämlich die europäische Staatsschuldenkrise, erwähnen. Auch hier sind einfachste Regeln missachtet und der Geist der Sozialen Marktwirtschaft mit Füßen getreten worden. Dass gerade in diesem Augenblick die Europäische Union mit dem Friedensnobelpreis ausgezeichnet wird, finde ich sehr bemerkenswert. Ich will nicht verschweigen: Es hat mich wirklich berührt. Wir haben die Auszeichnung nicht bekommen, als der Kalte Krieg zu Ende ging. Wir haben die Auszeichnung nicht bekommen, als die große Erweiterungsrunde vorgenommen wurde und mittel- und osteuropäische Länder dazukamen, sondern wir erhalten die Auszeichnung, wie eine kleine Mahnung, genau in dem Augenblick, in dem wir drauf und dran sind, vor der Aufgabe, vor der wir stehen, ein Stück weit zu verzagen.

Wenn wir uns noch einmal vor Augen führen, wie viele Kriege auch im Namen der Reformation geführt wurden, dann können wir stolz darauf sein, dass wir auf 67 Jahre weitgehend friedliche Entwicklung in Europa zurückblicken dürfen – wenn auch mit all den Problemen, die daraus erwachsen, wenn Menschen den Frieden vielleicht gar nicht mehr so schätzen können wie Menschen, die Krieg noch selbst erlebt haben. Ich glaube, dass dieses Europa Unglaubliches vollbracht hat. Denn auch dieses Europa gründet auf Verantwortung, auf Werten, die eben nicht von der Politik geschaffen werden konnten. In der Präambel der Grundrechtecharta der Europäischen Union heißt es nicht umsonst: „In dem Bewusstsein ihres geistig-religiösen und sittlichen Erbes gründet sich die Union auf die unteilbaren und universellen Werte der Würde des Menschen, der Freiheit, der Gleichheit und der Solidarität." Ich hätte es gut gefunden, wenn man sich auch auf das Wort „Gott" hätte einigen können; so weit ging aber das gemeinsame Bewusstsein in Europa nicht. Da sieht man schon, wo die Grenzen sind. Dennoch ist es gut, dass wir in Europa im Wesentlichen viele gemeinsame Werte teilen.

Trotz allem, worum wir uns immer wieder streiten, können wir heute sagen: Die 500 Millionen Menschen in Europa leben auf einem Fundament, das ohne das Christentum nicht denkbar wäre. Es wird auch in den zukünftigen Jahren des 21. Jahrhunderts für uns von allergrößter Bedeutung sein. In Europa stellen wir heute nur noch über sieben Prozent der Menschen auf der Welt. Wir Deutschen machen einen Anteil von etwas mehr als ein Prozent aus. Stellen Sie sich also vor: Wenn wir eine kluge Idee haben, müssen wir die anderen 99 Prozent davon überzeugen, dass sie richtig ist, damit alle so denken, wie wir es ganz natürlich finden. Wir Europäer stellen immerhin noch fast 25 Prozent der Wirtschaftskraft der Welt. Und wir bestreiten immerhin rund 50 Prozent der Sozialausgaben der Welt. Ich glaube, um das erhalten zu können, ist es gut, wenn uns die Kirchen – und dafür danke ich sehr – im-

mer wieder ermuntern, in der Europäischen Union zusammenzuhalten und angesichts erster Schwierigkeiten nicht gleich in lauter Einzelteile zu zerfallen.
Meine Damen und Herren, die Wahrheit ist – damit komme ich zu dem dritten Problem –, dass der weitaus größte Teil des Wachstums – wobei ich glaube, dass Wachstum viele andere Dimensionen hat neben dem Wachstum des Bruttoinlandsprodukts – außerhalb Europas erzeugt wird. Wir sind ein alternder Kontinent. Das hat auch gute Seiten. Ich erzähle immer wieder gerne die Geschichte eines Asylbewerbers aus Äthiopien, der seine Mutter anrief, die ihn dann fragte, ob es ihm im Winter in Deutschland nicht zu kalt sei. Er sagte: „Mutter, mache dir keine Sorgen. Damit komme ich klar." Dann noch eine gute Botschaft: „Hier sitzen dauernd so alte Leute wie du auf der Bank. Hier würdest du dich richtig wohlfühlen." Eine alternde Gesellschaft ist das, was uns kennzeichnet. Insofern ist der demografische Wandel für uns – ich sage nicht, dass es etwas Schlechtes ist, es ist nur etwas völlig Neues – eine riesige Herausforderung, der sich Kirchen und Gesellschaft in gleicher Weise stellen müssen.
Gerade die neuen Bundesländer bieten ein Beispiel dafür, wie man den Wandel schon vorzeitig erlebt. Ich glaube, auch die Gründung einer Nordkirche ist eine Antwort auf diese Herausforderung. Sie stellen sich in Ihren Gemeinden viele praktische Fragen. Wie können Ältere weiterhin am gesellschaftlichen Leben teilhaben? Wie können wir den Austausch der Generationen fördern, die Erfahrungen von Generation zu Generation weitergeben? Was und wo können junge Menschen von Älteren lernen? Deshalb möchte ich mit einem Dankeschön für die viele Arbeit schließen, die Sie leisten – in den Kindergärten, in den Altenheimen, in den vielen Wohnprojekten, die von der

Kirche und von Menschen, die sich dem christlichen Glauben verpflichtet fühlen, geleitet und unterstützt werden.
Wir werden uns auch regierungsseitig der Herausforderungen annehmen, denn wir haben angesichts längerer Lebensphasen auch unnatürliche Zeitaufteilungen. Es gibt die sogenannte rush hour des Lebens; auf Deutsch fällt einem dazu nichts mehr ein. Jedenfalls ballt sich in dieser Phase des Lebens alles – von Karriere über Kindererziehung bis zur Pflege von Angehörigen –, um dann schließlich lange Abschnitte zu haben, in denen Menschen sehr selbstbewusst und selbstbestimmt leben möchten, wobei es aber nicht unbedingt schon bestimmte Vorstellungen und Rollenmodelle gibt, wie man eigentlich eine selbstbestimmte Altersphase gestalten kann. Hierbei sind wir noch eine lernende Gesellschaft. Ich finde, gegenüber diesem Lernen sollten wir uns ganz offen zeigen. Es gibt aber bereits viele gelungene Praxisbeispiele, gerade auch in kirchlichen Kreisen. Sie sind ein ganz wesentlicher Beitrag zu dem, was ich eine echte Bürgergesellschaft nennen möchte. Auch in dieser Hinsicht bietet das Reformationsjubiläum Chancen, die genutzt werden können.
Zum Schluss möchte ich noch einmal auf die Worte Václav Havels in seiner Dankesrede zurückkommen und ein Zitat erwähnen: „‘Am Anfang ist das Wort.‘ – Das ist ein Wunder, dem wir zu verdanken haben, dass wir Menschen sind. – Doch zugleich ist es ein Hinterhalt, eine Prüfung, eine List und ein Test. (...) Das ist ganz offenbar durchaus nicht nur eine linguistische Aufgabe. Als Aufruf zur Verantwortung für das Wort (...) ist dies eine wesenhaft sittliche Aufgabe. Als eine solche ist sie allerdings nicht vor dem Horizont der von uns zu überblickenden Welt verankert, sondern erst irgendwo dort, wo jenes Wort sich aufhält, das am Anfang war und das nicht das Wort des Menschen ist.“ (...)

„Man muss also das Richtige und Wichtige entdecken“

Merkel ist von den Medien lange unterschätzt worden, und als diese ihren Machtinstinkt erkannten, war sie schon fast ganz oben angekommen. Merkel wiederum hat die Medien nie derart unterschätzt wie diese sie. Von ihr wird berichtet, sie habe früh Fotografen zurechtgewiesen, um besser im Bild zu stehen. Sie hat sich dem Zugriff mehr entzogen als andere, hat auch teilweise mehr ausgehalten als andere. Bei dem Vortrag zum Jubiläum des Evangelischen Pressedienstes weist sie auch auf die Verantwortung hin, die Medien haben, als „Orientierungslotsen“ in einer zunehmend unübersichtlicheren Welt.

Dass überhaupt der Eindruck entstehen konnte, Protestanten, Freude und Fröhlichkeit gehörten nicht zusammen, verwundert mich. Jedenfalls ist mir das als evangelischer Pastorentochter nie in den Sinn gekommen, auch wenn man von mir ab und an Bilder sieht – hoffentlich nicht beim epd –, auf denen ich etwas heruntergezogene Mundwinkel habe, was irrtümlicherweise mit Freudlosigkeit verwechselt wird. Ich glaube, es handelt sich dabei eher um eine erbliche Veranlagung, die bestimmt auch 100 Jahre zurückreicht.

Herzlichen Glückwunsch zum 100. Jahrestag. Ich freue mich, dass, wie eben gesagt wurde, der epd mir manchmal die Ehre gibt. Ich gebe sie ihm heute und möchte, wie viele andere, gratulieren, und zwar zu einer imposanten Geschichte. Am 3. Februar 1910 – wir feiern den Geburtstag also punktgenau – wurde in Wittenberg der „Evangelische Preßverband" gegründet. Damit wurde die Medienarbeit der evangelischen Kirche deutschlandweit zusammengeschlossen. So waren damals alle Zeitungen im gesamten Deutschen Reich Nutznießer davon.
Es ist ganz interessant, dass die historischen oder geschichtlichen Wurzeln des epd wahrscheinlich noch weiter zurückreichen, nämlich bis zu Johann Hinrich Wichern, dem großartigen Sozialpionier der evangelischen Kirche, der in erster Linie mit dem, was wir heute als Innere Mission kennen, Grundsteine für die Bekämpfung des sozialen Elends gelegt hat und der interessanterweise der Meinung war, dass es auch einer professionellen evangelischen Pressearbeit bedarf, damit über diese soziale Arbeit berichtet wird und damit – so waren die Gedanken von Johann Hinrich Wichern, wie ich mir denke – auch andere Menschen mit dieser Arbeit vertraut gemacht, dafür

interessiert und sicherlich auch zu sozialem Engagement aufgefordert werden. Diese Verbindungslinie ist bis zum heutigen Tag erhalten geblieben. Ich glaube, sie hat auch nichts an Aktualität eingebüßt. Hierin liegt auch eine besondere Kraft dieser Pressearbeit.

Es haben sich nach diesen Anfängen dann in ganz Deutschland regionale Presseverbände gegründet. Diese hatten sich von Anfang an nicht so verstanden, dass sie einfach nur Mitteilungen an die Zeitungen weitergeleitet haben, sondern so, dass sie – ganz wichtig für eine Agentur und aktueller denn je, wobei ich das jetzt nicht auf den epd beziehe – die Berichterstattung auch auf Rechtschaffenheit hin überprüften. Ich war neulich bei einer anderen Agentur. Auch dort haben wir darüber gesprochen, dass es nicht schlecht ist, immer noch einmal nachzufragen, ob das, was man gerade berichtet, so von allen Seiten geteilt wird. Manchmal ist es heute nämlich so, dass eine schöne Meldung gleich verschwinden würde, wenn man alle Beteiligten fragen würde. Der epd befindet sich hierbei allerdings nicht in der großen Gefahrenzone, sondern dabei sind vorher noch andere in die Betrachtung einzubeziehen. Ich mache aber keine Presseschelte, falls hier einer von einer anderen Agentur ist und sich irgendwie angesprochen fühlt.

Die evangelische Pressearbeit wurde also bewusst als Instrument der Beobachtung und gezielten Beeinflussung der politischen Tagespresse verstanden. Es erfolgte aber noch ein richtiger Paradigmenwechsel, denn die evangelische Pressearbeit sollte nicht mehr mit einer Art weltlicher Kanzel in Verbindung gebracht werden, sondern sie sollte eine unabhängige Dienstleistung für die gesamte Presse sein. Dass daraus im Einzelfall eventuell gewisse Spannungsverhältnisse zwischen der evangelischen Kirche

und der im Namen auch das Wort „evangelisch" führenden Agentur erwachsen können, mag man sich vorstellen. Darüber werden aber andere nachher noch ins Gespräch kommen; das ist hier nicht meine Aufgabe.
Der 3. Februar 1910 hat also den Anfang einer Nachrichtenagentur markiert, wie wir sie auch heute noch verstehen. Deshalb ist es auch sehr interessant, dass sozusagen der Kernbestand sein Wesen nicht verändert hat. Aber wie es hier auch schon anklang, verlief die weitere Entwicklung hin zu einem modernen Medienbetrieb nicht ohne Brüche. Im Ersten Weltkrieg befand sich der epd im Spannungsfeld zwischen Patriotismus und christlichem Antimilitarismus. Es gab natürlich Stimmen, die die Loyalität zu Armee und Staat sehr stark betont haben, aber sicherlich auch solche, die eher ihre Bedenken hatten.
Richtig schwierig wurde es dann in der Zeit des Nationalsozialismus. Der Versuch, sich mehr und mehr der Ideologie des Nationalsozialismus anzupassen, ist im Grunde mit der Einstellung des Dienstes 1941 gescheitert. Schon vorher hatte sich der epd dazu hinreißen lassen, mehr und mehr Propagandameldungen zu veröffentlichen. Herauszustreichen ist, dass diese Jahre, die ein dunkles Kapitel in der Geschichte des epd darstellen – daran kann man auch nichts beschönigen –, schließlich doch noch entschlossen aufgearbeitet und die Recherche und Aufarbeitung der Geschichte zusammen mit Wissenschaftlern und Zeitzeugen initiiert wurden. Ich glaube, das war ein ganz wichtiger Schritt, um sich der eigenen Verantwortung zu stellen und auch – ich bin mir ganz sicher – etwas für die innere Unabhängigkeit und damit die Zukunft mit auf den Weg zu nehmen.
Ich denke, dass es für Sie natürlich eine besondere Herausforderung war, die Deutsche Einheit mit zu gestalten.

Der epd ging sehr zügig eine enge Zusammenarbeit mit dem Evangelischen Nachrichtendienst in der DDR, kurz ena, ein. Man hat dann auch die gesamte Struktur auf die neuen Bundesländer ausgedehnt, was natürlich richtig und wichtig war und auch anerkennend zur Kenntnis genommen wurde. Bevor sich die protestantischen Kirchen 1991 wiedervereinigten, hatte der epd das schon geschafft, nämlich auf einer epd-Konferenz in Erfurt. Er war also seiner Zeit voraus. Die Deutsche Einheit gab es da allerdings auch schon. Natürlich sind die auch immer wieder gesetzten Impulse zur Gestaltung der Deutschen Einheit Teil der Arbeit des epd.
Auch heute ist der epd eine leistungsstarke, professionelle Nachrichtenagentur, natürlich in einem scharfen Wettbewerbsumfeld. Deshalb ist es auch so wichtig, dass der epd für sich selbst zu definieren weiß, wo die Schwerpunkte seiner Ausrichtung liegen, weil alles andere ihn sozusagen mit anderen Agenturen verwechselbar machen würde. Ich stelle mir diese Arbeit im Übrigen nicht einfach vor. Was mache ich, was beackere ich und wovon lasse ich die Finger? Antworten darauf zu finden, ist die Aufgabe der rund 80 festangestellten Redakteurinnen und Redakteure an mehr als 30 Standorten, die natürlich auch ein Stück Gemeinsamkeit verbinden muss. Anders, glaube ich, funktioniert die Arbeit in dieser Agentur gar nicht. Ich grüße alle, die täglich ihre Arbeit für den epd machen, wünsche ihnen viel Erfolg und bedanke mich für die Arbeit hier im Lande, aber auch in Brüssel und in Genf.
Der epd ist heute mehr als nur eine Nachrichtenagentur. Wir haben gesehen: Bilder sind hinzugekommen; das geht auch heute gar nicht mehr anders. Aber vielleicht noch wichtiger sind spezielle Hintergrundinformationen für Fachleute und Entscheidungsträger in Medien, Kirche

und Politik. So gibt es eben auch Fachdienste für Medien, Film, Dokumentation und Soziales. Damit werden natürlich in besonderem Maße Inhalte fokussiert, die besonders im Interesse des epd liegen. Der Dienst „epd medien" für Experten in Medienpolitik und Medienwirtschaft ist zum Beispiel ein sehr wichtiges Leitmedium. Und das Kino-Magazin „epd Film" hat sich seit der Erstausgabe im Jahr 1984 zu einer der führenden Zeitschriften für Filmkritik in Deutschland entwickelt. Hier gibt es also auch einen substantiellen Beitrag für die gesamte „community". Das wurde dann auch im Jahr 2003 mit dem „Preis der deutschen Filmkritik" gewürdigt und anerkannt. Ob bei Printmedien, Internet oder Film – die evangelische Kirche zeigt Präsenz.

Es ist heute noch nicht viel darüber gesprochen worden, vor welchen Herausforderungen der epd heute, im Zeitalter des Internets, steht. Das Lesen ist eine Fähigkeit, die wir nicht verlernen wollen, aber es ist eine Fähigkeit, die längst nicht mehr so ausgeprägt ist, wie es in früheren Zeiten der Fall war, weil es viele Ablenkungen gibt. Ich glaube, alle Agenturen stehen vor besonderen Herausforderungen, ein Dienst wie der epd aber sicherlich in ganz besonderer Weise, weil er natürlich auch gerade auf langfristige, dauerhafte Inhalte setzt.

Der epd ist durch die Einbettung in die evangelische Kirche natürlich immer anders als säkulare Nachrichtenagenturen und Medienunternehmen, weil er durch die Berichterstattung auch ein Stück von der gesellschaftlichen Verantwortung derer widerspiegelt, über die er berichtet. Insofern kann der epd nicht besser sein als die evangelische Kirche. Aber er hat die Aufgabe, auch das Besondere der kirchlichen Arbeit zu würdigen und dies in dem, was er berichtet und wie er berichtet, widerzuspiegeln.

Es ist so, dass die Medienarbeit der Kirchen heute auch ein sehr viel interessanteres Feld ist, als es vielleicht früher der Fall war, weil natürlich auch Kirchen in ihrer Betätigung wahrgenommen werden wollen. Dies ergibt auch immer wieder sehr spannende Diskussionen darüber, wie weit man gehen kann und wie weit man nicht gehen kann, was man an Aufmerksamkeit erheischen kann und inwieweit man tief-gründig bleiben muss. Wenn man das Ganze noch mit gewissen materiellen Zwängen koppelt, die den Kirchen angesichts nicht gerade rasant steigender Kirchensteuereinnahmen auferlegt werden, dann gibt es vielleicht ab und an eine gewisse Versuchung, den Charakter durch besonders spektakuläre Nachrichten etwas zu verändern. Wenn der epd dann das Mäßigende an der richtigen Stelle einbringt und das Hochpuschende, wenn jemand sein Licht etwas unter den Scheffel stellt, auch wieder an der richtigen Stelle einbringt, dann kann das auch eine maßvolle Glättung der gesamtkirchlichen Arbeit sein. Viele tun nämlich sehr still viel Wesentliches und Gutes, während manche eher über kommunikative Gaben verfügen. Vielleicht haben Sie ja einen guten Überblick und versuchen, jeden im rechten Licht dastehen zu lassen. Eine solche Nachrichtenagentur fühlt sich natürlich einem gemeinsamen Menschenbild verpflichtet. Das ist das, was ich das christliche Menschenbild nennen würde und was uns natürlich in der heutigen Medienarbeit bei aller Informationsfreiheit auch bestimmte Grenzen auferlegt. Damit stellt sich also die Frage: Was darf berichtet werden, wo beginnt sozusagen die Verunglimpfung oder Verunstaltung des Menschen? Damit setzen Sie sich sicherlich mindestens so intensiv wie andere auseinander.

Aber es ist vor allen Dingen auch so, dass die Flut von Informationen, die uns heute erreicht, das Interesse an Orien-

tierung und das Orientierungsbedürfnis der Menschen natürlich wesentlich gesteigert hat. Die Frage, inwieweit man umfassend informiert und inwieweit man gewichtet, indem man auch exemplarisch umfassende Informationen bündelt, ist für den epd sicherlich eine der ganz spannenden Herausforderungen. Wir wissen natürlich, dass die Information als solche keinerlei automatische Wertvermittlung oder Orientierung beinhaltet, sondern dass Orientierung doch das Zusammensetzen von Informationen und das Verknüpfen mit eigenen Grundhaltungen bedeutet, woraus dann erst eine bestimmte Richtungsweisung entsteht. Man muss also das Richtige und Wichtige entdecken.
Deshalb sind kirchliche Medien auch so etwas wie Orientierungslotsen in einer Welt, in der der Mensch unmöglich alles erfassen kann, aber doch das Wichtige mitbekommen möchte. Dabei ist der Maßstab von Ethik und Moral der Medienakteure natürlich immer ein wichtiger Grundpfeiler. Aber sie müssen auch gleichzeitig qualitativ hochwertig und erfolgreich im Markt sein, ansonsten ist es nicht möglich, als Pressedienst überhaupt zu überleben. Deshalb wird für Sie – das wird in den weiteren 100 Jahren, die bereits ins Auge gefasst wurden, eher zu- als abnehmen – das Spannungsverhältnis zwischen Qualität und wirtschaftlichem Erfolg eines sein, das sie umtreiben wird. Ich wünsche Ihnen sogar, dass es Sie auch weiterhin umtreiben wird, weil nur aus der produktiven Spannung zwischen beidem eine wirklich gute Berichterstattung erwachsen kann.
Qualität ist mit Sicherheit kein Störfaktor für erfolgreiche Geschäfte; das sollten wir nie als Postulat akzeptieren. Aber Qualität darf nicht so hochwertig sein, dass man nie zu einem Ergebnis kommt. Hier wurde von Redaktionsschlusszeiten der Vergangenheit berichtet. Auch heute

muss eine Meldung natürlich innerhalb einer endlichen Zeit das Tageslicht erblicken. Ich weiß aus eigener Erfahrung, dass Agenturen oder Pressedienste, die zu lange warten, jedenfalls von Politikern – bei Bischöfen mag das anders sein – nicht mehr genutzt werden, weil uns sonst natürlich etwas die Durchschlagskraft fehlt. Ich verschweige also nicht, dass eine gewisse Zeitnähe sachdienlich und zweckdienlich ist. Aber ich wollte damit nicht etwa etwas Schlechtes über den epd sagen. Ich wollte nur sagen: Qualität darf nicht so weit getrieben werden, dass alles erst nach Jahren erscheint.
Die Medien üben insgesamt, und Sie sind ein Teil davon, als vierte Gewalt natürlich auch ein Wächteramt in unserem Lande aus. Ich glaube, man darf sagen, dass man dem epd von heute und der letzten Jahre, also der Zeit der Bundesrepublik Deutschland, sagen darf, dass er eine wichtige Säule dieses Wächteramtes ist. Es werden nämlich politische und gesellschaftliche Institutionen kontrolliert, kritisiert und transparent gemacht. Auch diesbezüglich ist sicherlich manchmal ein Spannungsverhältnis zu den Kirchen zu vermuten. Denn das, was man gerne über sich lesen möchte, wird preisgegeben, aber die neutrale, kritische Recherche wird manchmal vielleicht nicht so gemocht. Wer möchte schon als Pfarrer oder Bischof über sich lesen, dass man irgendwelche Nachteile und Defizite hat? Das ist bei Politikern sozusagen Usus, aber im kirchlichen Raum werden Respekt und Würde vielleicht noch anders verstanden. In diesem Sinne müssen Sie also sicherlich Ihre staatstragende Funktion im Sinne Ihrer Aufgabe als vierte Gewalt immer auch mit der Würde der Institution verbinden, über die sie berichten.
Journalistische Sorgfalt ist sozusagen das Handwerkszeug. Aber die Frage, wie weit die Recherche gehen darf, wo

die Missachtung von Persönlichkeitsrechten beginnt und wann Bilder von Gewalt und Leid aus ethischen Gründen besser nicht veröffentlicht werden sollten, ist sicherlich auch immer wieder ein Gegenstand intensiver Diskussionen.

Wenn es um die Grundsätze geht, nach denen der epd arbeitet, dann sind die Themen, die besonders im Blickfeld stehen, hier schon genannt worden. Dabei geht es, angelegt von Herrn Wichern bis heute, um die Frage des sozialen Zusammenhalts in unserer Gesellschaft, um die Frage des ehrenamtlichen Engagements und um die Frage der Diakonie. Gleichzeitig – das will ich ausdrücklich betonen, weil sie von mir sehr geschätzt wird – gibt es die Berichterstattung auch über den Tellerrand hinaus, zum Beispiel im Bereich der Entwicklungshilfe, die ich für außerordentlich wichtig halte. Deshalb glaube ich, dass wir mit dem epd insgesamt ein Medium haben, das versucht, die Menschen über den Pressedienst auch in ihrer Gesamtheit zu Wort kommen zu lassen, was angesichts von sehr spektakulären Ereignissen, die jeden Tag unsere Medienwelt beherrschen, auch sicherlich manchmal ein mühseliges Geschäft ist.

Ich denke daran, wie viel ehrenamtliche Tätigkeit es gibt, wie viele Menschen anderen Menschen in unserer Gesellschaft zugewandt sind und wie oft es passiert, dass eine herausragende Leistung, über die man eigentlich berichten wollte und die man auch als Politiker in den Mittelpunkt eines Tages stellen wollte, gar nicht richtig zur Geltung kommt, weil an diesem Tag irgendetwas anderes passiert, was die Nachrichtenlage vollkommen überlagert. Dass Sie ein Stück Nachhaltigkeit in die Berichterstattung bringen und auch ganz bewusst versuchen, Menschen zu Wort kommen zu lassen, die in der aktuellen Berichterstattung vielleicht nicht immer eine Topmeldung wert sind, ist etwas, das ich als außerordentlich wichtig erachte. Wenn wir die Aufgaben der Zukunft miteinander meistern wollen, dann brauchen wir sicherlich eine positive Grundeinstellung in unserer Gesellschaft; und diese kann nach meiner festen Überzeugung nur entstehen, wenn wir auch von der Vielfalt wissen, die in unserer Gesellschaft angelegt ist, in der Menschen für Menschen da sind. Diese positive Grundeinstellung fördern Sie.

Sie haben heute, 100 Jahre nach Ihrer Entstehung, die höchste Reichweite, die Sie jemals in Ihrer Geschichte hatten. Das ist bemerkenswert. Sie erreichen mit dem bundesweiten Basisdienst rund zwei Drittel aller in Deutschland erscheinenden Tageszeitungen mit rund 37 Millionen Leserinnen und Lesern. Die Anwesenheit verschiedenster Intendanten zeigt auch, dass die öffentlich-rechtlichen Medien offensichtlich ein guter Freund und Partner des epd sind.

Deshalb möchte ich Ihnen statt eines Geschenks ein paar Wünsche mit auf den Weg in das zweite Jahrhundert geben. Ich wünsche mir, dass Sie unbeschadet aller zeitlichen Beschleunigung ein Stück Entschleunigung und eine damit auch verbundene Gründlichkeit in die Berichterstattung bringen und damit weiterhin die Breite unserer Gesellschaft und dabei natürlich insbesondere die Breite der Arbeit der evangelischen Kirche sichtbar werden lassen.

Ich wünsche Ihnen, dass Sie das Zeitalter des Internets in sich aufnehmen können, ohne den Kernbestand der Agenturtätigkeit zu verlieren, und dass Sie auch spannende Angebote für jüngere Mediennutzer schaffen können.

Ich wünsche mir, dass Sie den Zusammenhalt innerhalb der evangelischen Kirche darstellen. Die evangelische Kirche macht es dem Außenstehenden auch nicht immer einfach, alles zu verstehen, wie das nun mit den verschiedenen Teilen, den regionalen Befindlichkeiten, den Reformierten, Lutheranern usw. ist. Innerhalb der evangelischen Kirche ist man an diesen Diskussionen hochinteressiert. Außerhalb der evangelischen Kirche wächst die Zahl der Menschen, die wirklich einen Lotsen brauchen, um zu verstehen, worum es geht. Dieses Spannungsfeld, einerseits die Bedürfnisse der Insider zu befriedigen und gleichzeitig den Kontakt zur Außenwelt nicht völlig zu verlieren, ist sicherlich nicht nur eine Aufgabe der in der Kirche Tätigen, sondern auch derer, die darüber Bericht erstatten.

Ich wünsche Ihnen, dass Sie spannende Features zusammenstellen, die auch immer wieder das Leben von Menschen, die christlichen Glauben praktizieren, für die vielen sichtbar machen, die keinen direkten Zugang zum Glauben durch die Schule oder die Öffentlichkeit mehr haben. Damit wird sicherlich auch ein Stück weit Ihre Verantwortung wachsen, manches zu erklären, was bislang als ganz selbstverständlich vorausgesetzt wurde.

Wenn man heute in deutschen Schulen oder auch von Erwachsenen etwas dazu aufschreiben lässt, worum es etwa bei Pfingsten oder Himmelfahrt geht – ich spreche noch gar nicht von Mariä Lichtmess, weil das nicht so sehr in das Evangelische hineingeht –, dann sieht man, glaube ich, dass der Ausgangsbefund des Bildungsstandes der deutschen Bevölkerung trotz eines zehnjährigen Schulsystems und vielem anderen mehr doch nur endlich ist. Das sollten Sie bei Ihrer Tätigkeit nie vergessen, sondern erklären, einordnen, historische Zusammenhänge darstellen und zu den christlichen Festtagen vielleicht auch immer wieder aufzeigen, wie spannend es sein kann, ein Bild zu betrachten oder ein Buch zu lesen. Ihre Abnehmer, die vielen Regionalzeitungen und auch die vielen Radio- und Fernsehanstalten, werden nämlich dankbar darauf zurückgreifen, wenn sie die Recherche nicht selbst anstellen müssen, sondern einen Beitrag dazu bekommen. Die Erklärung des christlichen Glaubens und damit den Zugang zum christlichen Glauben wieder breiter zu machen – das halte ich für eine der ganz großen Aufgaben unserer doch relativ säkularen Welt.

Als Letztes: Erhalten Sie sich den Blick über den Tellerrand. Wir werden in den nächsten Jahren sicherlich eine Zeit durchleben, in der es aufgrund der Wirtschaftskrise auch in Deutschland nicht einfach sein wird. Es wird sicherlich viele Debatten über Verteilungskämpfe und Gerechtigkeitsfragen geben, die alle geführt werden müssen und die auch alle vom epd abgebildet werden müssen. Aber es ist in Zeiten der Globalisierung so unendlich wichtig, dass man auch ein Band des Kennenlernens mit anderen Regionen der Welt aufbaut, dass dieses Band enger wird, dass wir verstehen, wie andere in anderen Kulturen mit welchen Problemen leben, um daraus auch – ich sage es einmal etwas altmodisch – ein Stück Dankbarkeit dafür zu ziehen, wie wir in unserem Lande leben können. Ich sage ausdrücklich: Das soll andere Konflikte nicht übertünchen; die müssen diskutiert werden. Aber es muss auch möglich sein, das alles so einzuordnen, dass die Bereitschaft, auch für andere Menschen außerhalb unseres Landes da zu sein, nicht versiegt.

Das waren meine Wünsche. Ich vermute, damit, das in Vollendung umzusetzen, können sich 80 Menschen noch eine Weile lang beschäftigen. Für Ihre Arbeit wünsche ich Ihnen viel Kraft und, wie ich einmal von Bischöfin Käßmann gelernt habe, auch ein Stück Gottvertrauen. Das ist sicherlich etwas, das Sie auch von anderen unterscheiden kann.

IV. GLAUBE UND BEKENNTNIS

„Vorbilder meines Lebens“

So ungeschützt und persönlich hat sie später nie wieder von ihrer Kindheit gesprochen wie bei diesem Vortrag auf dem Evangelischen Kirchentag 1995. Sie spricht über ihre Vorbilder, und besonders eindrücklich ist die Beschreibung des Gärtners auf dem Waldhof, wo sie aufgewachsen ist. Er ist das Gegenbild zum strengen und akademischen Vater, der Gärtner ist eine andere Bezugsperson, der gütige Naturmensch. An diesem frühen Text und auch den beiden Bibelarbeiten lässt sich die Gedankenwelt Merkels studieren, da ihre Rede in ihren frühen politischen Jahren noch nicht so stark durch Vorsicht und Rücksichtnahme geprägt ist wie manche späteren Dokumente.

Ich bedanke mich für die Möglichkeit, heute hier einen der Hauptvorträge halten zu können. Ich habe das Thema „Vorbilder meines Lebens“ im Zusammenhang mit der Losung dieses Kirchentages auf den ersten Blick ein bisschen schwierig gefunden. Als Politiker sprechen wir doch zumeist über Sachen, über Aufgaben, über das, was wir geschafft haben, wenn wir gut sind, und auch manchmal über das, was uns misslungen ist. Aber über das eigene Leben und dann auch noch über Vorbilder zu sprechen, bei denen man sagen muss, was man davon selbst vielleicht nicht hat, da tut man sich doch schwer. Ich will es trotzdem versuchen, weil es aus meiner Sicht ein spannendes Thema ist im Zusammenhang mit dem Kirchentagsmotto „Es ist dir gesagt, Mensch, was gut ist und was der Herr von dir fordert“. Dieser Vers geht noch weiter, nämlich „Gottes Wort halten, Liebe üben und demütig sein vor deinem Gott“. Diese Worte stehen bei Micha in einer aus meiner Sicht ziemlich dramatisch bildhaften Sprache, nachdem erst einmal gesagt wurde, dass der Mensch viele Verfehlungen begangen hat. Wenn man diese Bilder vor Augen hat, kann man fragen: Wie verhält es sich eigentlich mit den Vorbildern und Leitbildern? Sollen wir denn als Christen Vorbilder haben? Wie ist das überhaupt mit den Bildern?
Dazu ist mir zunächst das „Bildverbot“ eingefallen: „Ich bin der Herr dein Gott, du sollst kein Bildnis haben noch Gleichnis machen, bete sie nicht an und diene ihnen nicht, denn ich bin ein eifernder Gott.“ Und im folgenden wird geschildert, was alles passiert, wenn man sich zu sehr an ein Bild oder ein Vorbild hält. Dies bedeutet in meinen Augen, dass Vorbilder nichts Starres sein dürfen. Sie dürfen kein Ersatz werden, wir sind als Menschen gehalten, im Bezug zu Gott zu leben, und dürfen uns nicht an ein irdisches Bild klammern.

Auf der anderen Seite steht im 1. Korintherbrief aber auch: „Das aber ist uns zum Vorbilde geschehen, dass wir uns nicht gelüsten lassen des Bösen, gleichwie jene gelüstet hat.“ Darin liegt nun aus meiner Sicht eine sehr positive Deutung dessen, was ein Vorbild sein kann: Es soll uns davor bewahren, dieselben Fehler noch einmal und wiederholt zu begehen. Im Korintherbrief heißt es weiter: „Solches widerfuhr jenen als ein Vorbild, es ist aber geschrieben uns zur Warnung, auf welche das Ende der Welt gekommen ist.“ Geschichte – in meinem Verständnis – bedeutet also, dass vieles schon geschehen ist, das uns Vorbild sein kann. Wir sind eingebettet in einen Lauf der Geschichte, in der andere vor uns Fehler gemacht haben, aus denen wir lernen sollten, und dies aber auch durchaus in dem Bewusstsein, dass auch wir Fehler machen werden. Dies ist dann für mich wieder eine beruhigende Botschaft der Bibel.

Hätte man mich im Alter von 17 oder 18 Jahren nach meinen Vorbildern gefragt, hätte ich geantwortet. Na klar habe ich Vorbilder. Ich habe mich deshalb heute einmal versucht zu erinnern, wer damals eigentlich mein erstes Vorbild war, nachdem erst einmal ja die Eltern die wichtigsten Bezugspersonen sind. Ich erinnere mich da an einen Gärtner. Dieser Gärtner führte die Gärtnerei auf dem Hof, auf dem ich wegen des Berufes meines Vaters als Pfarrer aufwuchs – einem von der Diakonie geführten Heim für geistig Behinderte. Geistig Behinderte waren auch die Beschäftigten dieses Gärtners. Es konnte natürlich auch jeder sonst noch zu ihm kommen, der Langeweile oder Fragen hatte, und dazu gehörte ich. Ich hatte als Kind viel Zeit, weil ich noch nicht in den Kindergarten ging. Dieser Gärtner, ein stämmiger, älterer Mann, hat mir ein großes Grundvertrauen, eine große Ruhe eingeflößt. Er

hatte immer Zeit, was ich am schönsten fand, denn meine Mutter hatte nicht immer Zeit, mein Vater schon gar nicht, aber dieser Mann, der eigentlich viel Arbeit hatte, fand trotzdem Zeit für mich. So konnte man von ihm allerhand über das praktische Leben erfahren. Beispielsweise habe ich gelernt, wie man Blumenpflanzen pikiert oder wann die Alpenveilchen gut sind. Ich habe von ihm gelernt, mit den geistig Behinderten zu sprechen. Es war eine unglaublich warme, vertrauensvolle, gute Atmosphäre. in der ich schmutzige Möhren essen durfte, in der ich faul sein durfte, in der ich sogar einmal einen Schluck schwarzen Tee bekommen habe. Es war gut. Dieser Mann hat bei mir das Gefühl der Verbundenheit zur Erde, zum Boden, zur Natur geweckt. Ich spüre auch heute selber, wie wichtig Zeit ist – neben allen anderen Gütern, die man hat –, manchmal habe ich sie leider nicht. Ich habe mich viele Jahre an den Mann nicht erinnert, aber in letzter Zeit fällt er mir wieder immer öfter ein.
Als ich dann in die Schule kam, hatte ich auch Vorbilder. Das waren aber meistens Vorbilder, von denen ich schon vorher wusste: Ich werde es nie schaffen, so zu sein wie sie. Das waren Schlagersänger, Turner, Eiskunstläufer, Tänzer, Weltreisende und Zauberer. Sie taten so ungefähr all die Sachen, die ich überhaupt nicht kann. Viele Jahre habe ich damit zugebracht, mir zu wünschen, so zu werden wie diese Menschen. Ich habe immer überlegt, was ich tun müsste, um dies zu erreichen. Das war für mich als Kind nicht immer ermutigend.
Dann aber bin ich auf einen Menschen gestoßen, bei dem es Ansätze gab, das, was ich bewundert habe, mit dem zu verbinden, was ich vielleicht auch kann. Ich meine Marie Curie. Als erstes interessierte es mich, dass sie aus Polen kam – einer meiner Großväter stammt auch aus Polen. Po-

len war zu ihren Lebzeiten geteilt und unter russischer Besatzung. Mit russischer Besatzung hatten wir in der DDR ja auch unsere Erfahrungen, obwohl dies offensichtlich im Polen des 19. Jahrhunderts noch sehr viel schlimmer war. Marie Curie ist dann nach Paris aufgebrochen, lebte in sehr armen Verhältnissen. hat als Frau dort studiert, was Ende des vergangenen Jahrhunderts eine große Ausnahme war, hat Physik studiert und in ihren Arbeiten schließlich das Element Radium entdeckt. Sie hat diese Entdeckung gemacht, weil sie ganz fest daran geglaubt hat, eine gute Idee zu haben. Dazu hat sie sich tonnenweise Pechblende aus der Tschechei kommen lassen, diese zerkocht und so zusammen mit ihrem Mann Spuren des neuen Elements Radium gefunden. Dies war eine körperlich unglaublich harte Arbeit und auch nicht ungefährlich, denn Radium ist stark radioaktiv. Aber sie hat es geschafft. Marie Curie ist dann Professorin geworden. „Nebenbei" hatte sie noch zwei Kinder. In die französische Akademie wurde sie aber nicht aufgenommen, was man ihr als Frau wohl doch nicht gegönnt hatte. Im Jahre 1911 erhielt sie jedoch den Nobelpreis für Chemie für die Reindarstellung von Radium und seine Gewinnung in größeren Mengen. Was mich an dieser Frau so beeindruckt hat, waren ihre Entschlossenheit, ihr Durchhaltevermögen. Wenn man an eine Idee glaubt, auch wenn man alleine ist, wenn man dieser Idee nachgeht und sich durch viele Höhen und Tiefen quält, erreicht man irgendwann das Ziel, wenn die Idee eine richtige war. Marie Curie war von der Richtigkeit ihrer Idee überzeugt und hat sich letztlich damit auch durchgesetzt.
Heute arbeite ich als Politikerin – und diesen Zeitabschnitt möchte ich nun hier als meine vierte „Etappe" betrachten. Als mich einmal eine größere überregionale Zeitung in ihrem bekannten Fragebogen fragte „Wer oder was möch-

ten Sie sein?“ – für mich indirekt auch die Frage nach den Vorbildern „Wer wären Sie denn nun gerne?“, – da konnte ich mich dazu entschließen aufzuschreiben: „möglichst oft ich selbst“. Das hätte ich 15 Jahre vorher nur sehr schwer gekonnt. Inzwischen denke ich, ist es vielleicht nicht so wichtig zu sagen, der ist mein Vorbild im Sinne eines anzuhimmelnden Menschen, sondern zu fragen, was leitet mich eigentlich in meinem Handeln? Was sind die Grundzüge, wonach richte ich mich, warum tue ich was und wie? Mir ist in der Vorbereitung auf diesen heutigen Tag wieder eingefallen, dass ich das erste Mal zu meiner Konfirmation versucht habe, mir bewusst über mich und die für mich wichtigen Grundzüge meines Handelns klar zu werden. Wir hatten nämlich einen aufgeschlossenen Pfarrer, der uns den Konfirmationsspruch nicht vorgegeben hat, sondern uns aufforderte, uns selbst einen Spruch auszusuchen. Damals habe ich mich über ihn zunächst geärgert, weil ich dachte, wer sich denn nun eigentlich in der Bibel auskenne, er oder wir? Er gab uns aber ein paar Ansatzpunkte. So habe ich mir schließlich den bekannten Spruch gewählt: „Nun aber bleiben Glaube, Hoffnung, Liebe, diese drei, aber die Liebe ist die größte unter ihnen.“

Glaube, Hoffnung, Liebe, das, so denke ich, leitet mich in ziemlich vielen Dingen. Zunächst einige Überlegungen zum Begriff Glaube: Ich habe zwei Extreme von Glauben und Glaube erlebt. Einmal hat mich oft abgestoßen, wenn jemand einfach sagt: „Daran glaube ich.“ Wir haben das in der früheren DDR sehr oft in Diskussionen beispielsweise über den Marxismus erlebt. Da gab es viele, die ich manchmal sogar darum beneidet habe, einfach daran glauben zu können. Nicht nachfragen, einfach behaupten, sich nicht unsicher machen lassen, nicht zweifeln, einfach nach den Vorgaben handeln. Dieses Handeln beinhaltet dann aber

auch einen recht rücksichtslosen Umgang mit anderen, weil dann schnell der Zweck die Mittel heiligt. Ich denke, diese Art von Glauben konnte wohl nicht gemeint sein bei dem, was ich gesucht habe.
Es gibt ja auch noch eine andere Art von Glauben, der ich auch manchmal begegnet bin. In diesem Zusammenhang will ich kurz ein Erlebnis erzählen. Meine erste Auslandsreise als Jugendministerin führte mich nach Israel, ein aus meiner Sicht ziemlich verwirrendes Land. In der DDR war es ja ohnehin so gewesen, dass man über Juden nicht allzu viel gesprochen hat. Nach Israel gab es keinen Postverkehr. Israel war für uns also einerseits ein fremdes, andererseits aber auch wieder ein sehr anziehendes und nahes Land. Ich habe dort ein Kloster am See Genezareth besucht, das Kloster Tapka, in dem Benediktinermönche aus Jerusalem Jugendarbeit durchgeführt haben, die das Bundesjugendministerium unterstützt hat. In diesem Kloster haben die Mönche uns empfangen, waren freundlich, und wir haben viel miteinander gesprochen. Plötzlich stand einer der Mönche auf und führte uns nach draußen. So standen wir in dieser Landschaft mit ihren Hügeln und sahen die fruchtbare Ebene, in der der See Genezareth liegt. Dieser Mönch nun sagte zu uns: „Schauen Sie einmal, hier ist Jesus den Berg heruntergekommen, und dann war er hier am See, und wenn Sie jetzt hier in die nächste Bucht gehen, da hat er Petrus getroffen, den Fischer. Und da ein Stück weiter, da war die Speisung der 5000, und dann ist er da herübergefahren, und dort geschah das Erlebnis mit dem Sturm."
Diese Worte waren für mich eigentümlich: Ich habe doch auch die Bibel gelesen, und ich wusste auch, was am See Genezareth geschehen war, aber dass da ein ganz aufgeschlossener Mensch einfach so feststellt, dass hier und

da oder genau dort dieses und jenes geschehen ist, das hat mich doch überrascht. Diese Worte müssen etwas mit einem Glauben zu tun haben, der diesem Mann auch im täglichen Leben für seine Arbeit eine große Kraft verliehen hat, die er brauchte, um in dieser Zeit unter schwierigen Bedingungen gleich an der jordanischen Grenze mit Jugendlichen zu arbeiten. Dieser Mönch hatte eine Kraftquelle, die mir durch seine Worte deutlich geworden ist. Ich habe ihn ein bisschen beneidet, weil ich mir mit meinem Glauben nicht immer so klar und sicher bin und ich auch manchmal Zweifel habe.

Wie ist das dann mit dem zweiten Begriff, mit der Hoffnung? Ich gehöre zu den eigentlich sehr optimistischen Menschen, und wenn ich an Hoffnung denke, fällt mir immer wieder – auf den ersten Blick vielleicht ein Widerspruch – das Bild des Sysiphus ein: der Mensch, der da immer wieder von neuem einen Stein den Berg hinaufrollt. Ich habe diese Geschichte immer so interpretiert, dass sie eigentlich nichts Hoffnungsloses ausdrückt, sondern dass sich immer ein Mensch findet, der den Stein wieder und wieder trotz aller Rückschläge hochrollt, auch wenn das eigentliche Ziel nicht erreicht wird. Man kann das ja auch sehr fatalistisch interpretieren und feststellen, dass alles sowieso keinen Zweck hat. Für mich aber hat dieser Sysiphus etwas mit meiner eigenen Lebenserfahrung zu tun und macht mich nicht hoffnungslos.

Das zweite Bild, das mir zu Hoffnung einfällt, ist die Geschichte von der Sintflut. Gott straft, Gott richtet, Gott ist unzufrieden mit den Menschen und hat ja auch im Alten Testament viele Strafen verhängt, aber irgendwie ging es immer weiter mit den Menschen. Wir müssen allerdings auch vorsichtig sein, dass wir dies nicht zu einfach voraussetzen, auch wenn es tatsächlich immer weiterzugehen scheint. Gott hat bei der Sintflut die Arche Noah zusammengesetzt, hat Noah mit den Tieren hineingeführt. Irgendwann war schließlich die Taube auf der Spitze des Berges wieder da. Für mich ist das eine der Geschichten, in der als Zeichen der Hoffnung klar zum Ausdruck kommt, dass es trotz aller Fehler weitergeht und sich für einen selbst immer ein Weg findet.

Das Schwierigste, obwohl oder weil es gleichzeitig das Wichtigste ist, ist nun vielleicht die Liebe, die ja schon im privaten Leben nicht immer einfach ist, aber das ist natürlich nicht die Liebe, die hier gemeint ist. Wenn man in der Bibel ein bisschen liest, bei Johannes zum Beispiel, dann wird klar, welche Art von Liebe hier angesprochen ist: Die Liebe besteht nicht aus gefühlvollen Worten, sondern zeigt sich in nüchternen Taten. Die Liebe ist vorbehaltlos, sie ist vollkommen furchtlos, sie ist dienend. Das Gebot „Liebe deinen Nächsten wie dich selbst" ist dabei wichtige Richtschnur für uns Menschen. Zunächst heißt es einfach und schlicht, dass man seinen Nächsten lieben soll; das lernt man früh. Man weiß, dass man es manchmal nicht schafft. Wichtig aber finde ich hier den Zusatz „wie dich selbst", den ich in doppelter Hinsicht deute: Zum einen verlangt er, in der Begegnung mit dem Nächsten dieselben Maßstäbe anzulegen, die man auch für sich selbst in Anspruch nimmt. Zum anderen kann man überhaupt nur lieben, wenn man auch sich selbst liebt, wenn man an sich selbst glaubt, wenn man Klarheit über sich selbst hat; nur dann kann man auch auf den anderen zugehen.

Mich hat in dem Zusammenhang sehr beeindruckt, was man bei Dietrich Bonhoeffer lesen kann zu der Frage der eigenen Klarheit, zu der Akzeptanz seiner selbst, wie weit man alleine vorankommt, wie weit man schließlich dann doch Gott braucht: Und hier möchte ich Ihnen kleine Auszüge vorlesen aus dem Gedicht „Wer bin ich?“ aus „Widerstand und Ergebung“. Bonhoeffer saß im Gefängnis, als er diese Zeilen aufschrieb. Da sagt er: „Wer bin ich? Sie sagen mir oft, ich trete aus meiner Zelle, gelassen und heiter und fest wie ein Gutsherr aus seinem Schloss... Bin ich das wirklich, was andere von mir sagen, oder bin ich nur das, was ich selbst von mir weiß? Unruhig, sehnsüchtig, krank wie ein Vogel im Käfig, ringend nach Lebensatem, als würgte mir einer die Kehle. Wer bin ich, der oder jener? Bin ich denn heute dieser und morgen ein anderer? Der bin ich? Einsames Fragen treibt mit mir Spott. Wer ich auch bin, du kennst mich, dein bin ich, o Gott.“ Ich denke also, Liebe kann wahrscheinlich doch nur aus dem Vertrauen kommen, dass man für sich selbst ein Stück Klarheit erreichen kann. Aber es gelingt einem – oder zumindest mir – nicht, wenn ich nicht irgendwo weiß, ich bin da auch noch aufgehoben, einer kennt mich, akzeptiert mich. Ich bin Teil einer gesamten Geschichte, in diese Geschichte bin ich eingebettet, ich darf und ich werde Fehler machen, das lerne ich, und doch weiß ich, dass gesagt ist, was ich zu tun habe: „Liebe üben und demütig sein vor deinem Gott.“ Doch das ist – wie auch das Kirchentagsmotto – so leicht gesagt. Schnell kommt deshalb die Frage: Was hilft mir dabei? Für mich sind es Vorbilder im Sinne von Geschichte, Vorbilder, die aber nicht einfach nachgeahmt, sondern ganz persönlich entwickelt werden können. Vorbilder und Bilder können auch Leitbilder sein. Es können Leitgedanken sein, aber auch immer wieder Menschen, die in bestimmten Situationen auf eine bestimmte Art und Weise geantwortet oder mir geholfen haben und die damit auch mein eigenes Leben geprägt haben. All das entbindet uns aber natürlich nicht von der Notwendigkeit, allein herauszufinden, was zu tun ist, und Entscheidungen zu treffen.

Deshalb finde ich das Kirchentagsmotto „Es ist dir gesagt, Mensch, was gut ist und was der Herr von dir fordert, nämlich Gottes Wort halten und Liebe üben" auch so anspruchsvoll. Das klingt so einfach: Im Alltag allerdings – Vorbild hin, Motto her – sind immer wieder Entscheidungen zu treffen. In der Politik habe ich oft abzuwägen, wie ich meiner Verantwortung gerecht werde. Ich tue dies aus einem ganz bestimmten Verständnis heraus, das ich ab und an auch hinterfrage. In der Umweltpolitik z.B. – ich könnte auch andere Bereiche nennen – fällt mir die Entscheidung manchmal gar nicht so leicht, weil es für viele Dinge viele Argumente gibt. Als Beruhigung habe ich einmal bei Henry Kissinger gelesen, jede Entscheidung sei, wenn sie gut sei, zu 51% richtig und zu 49% falsch, also jede Entscheidung für etwas ist immer auch eine Entscheidung gegen etwas, wo ich weiß, dass ich jemandem Unrecht tue.
Ich will es einmal an einigen Beispielen deutlich machen. Ein Thema, das uns jetzt alle beschäftigt, ist die geplante Versenkung der Bohrinsel „Brent Spar". Es war für mich eine der einfachen Entscheidungen, mich gegen die Versenkung dieser Plattform auszusprechen. Aber der Pächter einer Shell-Tankstelle sieht das natürlich ganz anders. Er ruft bei uns im Ministerium an und fragt, ob wir denn überhaupt wissen, was wir tun. Er sagt, dass er mit Shell außer dem Namen nicht viel zu tun habe, dass er gerade renoviert, investiert habe, sein Schicksal jetzt auf dem Spiel stehe und es den Politikern zu verdanken sei, dass er jetzt sogar mit Brandanschlägen leben müsse. Das kann natürlich kein Mensch richtig finden. Ich stehe weiterhin zu meiner Entscheidung, überlege aber auch noch einmal, ob ich wirklich alles bedacht habe.
Und dann gibt es ein Thema, das schon nicht mehr so

einfach ist wie die „Brent Spar“, wenn ich auch da wenig Zweifel habe, dass wir den richtigen Weg eingeschlagen haben. Auf der Nordseeschutzkonferenz haben wir uns mit dem Thema Fischerei befasst, u.a. mit den zum Teil sehr umweltbelastenden Fangmethoden, die den ganzen Untergrund aufwühlen und den kleineren Fischen, die eigentlich gar nicht gefangen werden sollen, wegen der sich verengenden Löcher in den Netzen ein Entkommen nicht mehr ermöglichen. Wir waren uns als Umweltminister einig, dass hier etwas geschehen müsse, um diese kleinen Fische zu schützen und auch den Meeresboden nicht zu zerstören.

Wenn ich dann aber an meinen Wahlkreis denke – die Insel Rügen, auf der Fischer leben –, sieht die Sache schon ganz anders aus. Diese Fischer klagen, dass sie ihren Beruf aufgeben müssen, weil auf Rügen und im Grunde in der Bundesrepublik Deutschland insgesamt nicht mehr genug gefischt werden könne, weil die Quoten nicht ausreichten, weil man mit den Fischen eigentlich gar nichts mehr verdiene.

Und dann überlege ich, wenn ich jetzt zur Nordseeschutzkonferenz drei der Fischer aus meinem Wahlkreis mitgebracht hätte, die prima Kerle sind, tolle Menschen, was würden die eigentlich zu mir hier sagen, und wie würde ich argumentieren? Dann weiß ich, dass es mir ganz schwer fallen würde zu sagen: „Gut, damit wir die Umwelt nicht ruinieren, müsst ihr halt euren Beruf aufgeben. Nun seid ihr eben 50 Jahre alt, wir können uns euren Beruf nicht mehr leisten. Es interessiert mich dann auch nicht, ob Fischer aus Polen oder Russland noch durchkommen, wir machen jedenfalls diese Fangmethoden nicht mehr mit.“ Mit diesem Konflikt muss ich leben. Wenn ich überzeugt bin von einer Sache, ist das nicht schlimm. Aber

ich muss ganz einfach auch damit leben, dass die Fischer beim nächsten Mal einen anderen Abgeordneten wählen.
Ein weiterer vermeintlicher Widerspruch: Umwelt und Lebensstandard. Wir alle diskutieren ja nun heute viel – und in den letzten Wochen verstärkt – über die Belastung der Luft, insbesondere das Ozon. Da sagen viele, ab einer bestimmten Grenze dürfen Autos mit hohen Schadstoffemissionen, Autos, die keinen Katalysator haben, nicht mehr fahren. Da gibt es aber natürlich auch viele, die sich nun aus verschiedenen Gründen das Autofahren nicht so einfach verbieten lassen wollen – z.B. eine alleinerziehende Frau, die auf das Auto angewiesen ist. Einen solchen Entschluss dann auch wirklich durchzustehen und in jedem einzelnen Falle anzuwenden – gerade auch gegenüber sozial Schwächeren –, weil wir uns eine so hohe Luftverschmutzung nicht leisten können, das ist nicht einfach.
An dieser Stelle kommen wir an einen sehr interessanten Punkt, von dem ich glaube, dass er uns in den nächsten Jahren noch viel beschäftigen wird. Es stellt sich nämlich die Frage: Wie ist das eigentlich mit den Mitteln, die wir zu vergeben haben, und wofür vergeben wir sie? Zum Beispiel für den Schutz unserer Umwelt oder für die Verbesserung des Rentensystems, für mehr Kindergeld oder für den Ausbau der Verkehrsinfrastruktur, wofür geben wir die Mittel, und welche Gewichtungen wollen wir?
Ich weiß ganz genau, wenn wir eine hohe Arbeitslosigkeit haben, wollen viele Menschen von Umweltschutz erst einmal viel weniger hören, weil sie die Arbeitslosigkeit als ihre elementare Sorge ansehen. Ich weiß aber auch ganz genau, dass andere Fragen wieder in den Vordergrund treten, sobald die wirtschaftliche Sorge der Arbeitslosigkeit wieder ein wenig gemildert wurde. Doch auch dann ist es manchmal nicht so ganz einfach zu entscheiden,

wollen wir nun fordern, dass jedes neue Einfamilienhaus noch dickere Glasscheiben und eine noch stärkere Wärmedämmung erhält, damit weniger Energie verbraucht wird? Theoretisch keine Frage. Dann aber kommen Leute zu mir und sagen: Wir bauen unser Haus gerade, wenn unsere Kinder klein sind, und genau dann haben wir das Geld nicht. Wir können doch nicht immer mehr bezahlen, nur weil wir für die Umwelt mehr tun.

So habe ich Ihnen jetzt nur einige Beispiele genannt, in denen es mir nicht immer leicht fällt, zu Entscheidungen zu kommen, und bei denen ich abwägen muss, wo ich aber gleichzeitig genau weiß, dass ich mich vor Entscheidungen nicht drücken kann und sie treffen muss. Hierbei können ein paar Bilder, ein paar Gedanken, ein paar Fragen des Glaubens wichtige Orientierung geben, um verantwortungsvoll zu entscheiden und dann auch zu diesen Entscheidungen zu stehen. Denn es gibt ja auch Entscheidungen, deren Richtigkeit sich erst einige Jahre später zeigt. Diese Zeit muss man durchstehen und sich sicherlich der Kritik und der Diskussion stellen. Das schafft man nur, wenn man einen Rückhalt hat.

Wenn ich also auch nicht jeden Tag finde, dass den Menschen so ganz klar gesagt ist, was gut ist und was der Herr von uns fordert, kann ich doch für mich feststellen: Ich habe in meinem Leben Menschen getroffen, ich habe Gedanken gehört, und ich habe Erfahrungen gemacht, die mir zumindest die Hoffnung geben, dass ich es besser verstehe, was der Mensch zu tun hat, die mir aber auch die Fähigkeit geben, immer einmal wieder zu zweifeln, ob das, was ich dann für richtig befunden habe, auch wirklich richtig ist und es immer wieder im Gegenüber zu anderen Menschen zu sehen und nicht selbstherrlich zu werden.

„Pflege von Frömmigkeit“

Bei ihrer Bibelarbeit zu Mal 2,17-3,24 auf dem Evangelischen Kirchentag 2005 überrascht Merkel das Publikum mit Kritik an der eigenen Kirche. Zu politisch gehe es ihr manchmal zu und zu wenig bisweilen auch auf den „Kultus“ konzentriert. So etwas wird man von der späteren Kanzlerin nicht wieder öffentlich hören, eine derartige intensive Auseinandersetzung mit einem Bibeltext und zugleich eine Aufforderung, die eigene Glaubenspraxis zu überdenken. Doch gerade deswegen erzählt der Text noch viel über die Person Merkels.

Einige Prophetennamen sind uns bekannt! Nein, ich meine nicht diejenigen, die vorgeben zu wissen, wie die nächsten Wahlen ausgehen. Ich meine auch nicht die so genannten Wirtschaftsweisen, die uns jährlich prophezeien, wie es um unser Wirtschaftswachstum steht. Vielmehr denke ich an die Namen der Propheten, die uns im Kirchenjahr immer wieder einmal begegnen. Wer erinnerte sich beim Thema „Prophetie" nicht sofort an den Propheten Jesaja. Hat er nicht wegweisende Worte gesprochen, die wir nicht nur an Weihnachten gerne hören? Er hat Sätze gesagt, die für viele Menschen auch heute noch Grund der Hoffnung sind, wie zum Beispiel: „Das Volk, das im Finstern wandelt, sieht ein großes Licht, und über denen, die da wohnen im finstern Lande, scheint es hell." (Jes 9,1)

Aber auch zu den Propheten Hesekiel oder Jeremia lassen sich schnell Anknüpfungspunkte finden. Verpflichtet der Prophet Jeremia doch noch heute jeden Menschen zu politischer Verantwortung und schreibt gerade den Politikern in das Stammbuch: „Suchet der Stadt Bestes (...) und betet für sie zum Herrn; denn wenn's ihr wohl geht, so geht es auch euch wohl." (Jer 29,7) Ja, wie recht dieser Jeremia hatte.

Mit den großen Propheten Jesaja, Jeremia und Hesekiel verbinden wir also einiges. Wie aber sieht es mit den so genannten „Kleinen Propheten" aus? Vielleicht wissen Sie es ja genauso noch wie ich aus dem Konfirmandenunterricht: Es gibt zwölf kleine Propheten. Aber was jeder einzelne von diesen Herren gesagt hat! Natürlich könnte ich ihre Hauptaussagen nicht aus dem Stegreif zusammenfassen. Aber man soll die Kleinen nicht unterschätzen.

Der Prophet Maleachi, der das letzte Wort im Alten Testament hat, begegnet uns in seinem dritten Kapitel mit klaren und auffordernden Worten. Er hält sich nicht zurück. In aller Freiheit und Deutlichkeit stellt er den Menschen ihre Zukunft vor Augen und macht ihnen deutlich, dass sie in ihrem Reden und Handeln Gott betrügen und belügen. Für ihn ist deutlich, dass dies schreckliche Konsequenzen haben wird. Aus diesem Grund befragt er sein Volk. Er konfrontiert es mit der Wahrheit. Wie die Vorwürfe lauten, welche Fragen gestellt werden und wie letztlich die Reaktion des Volkes ist, wollen wir in dieser Bibelarbeit bedenken.

Die Verkündigung des Maleachi führt uns in eine völlig fremde Zeit und Geschichtsepoche. Wir befinden uns in der ersten Hälfte des fünften Jahrhunderts vor Christus. Es ist eine schwierige Zeit in der Geschichte Israels. Doch wann ist es eigentlich in der Geschichte Israels und des jüdischen Volkes nicht „schwierig" gewesen? Liest sich diese Geschichte über Jahrtausende hinweg doch insgesamt wie ein einziger großer Leidensweg. Wie eine – durch nur wenige glückliche und friedliche Epochen unterbrochene – Abfolge von Leid, Schmerz und Katastrophen.

Und wenn wir heute auf „Israel" und das jüdische Volk blicken, so mögen wir gerade sowohl als Christen als auch insbesondere als Deutsche hierin geradezu ein Wunder erblicken, wie dieses Volk seine Existenz bis auf den heutigen Tag bewahrt hat. Vielleicht kann man in der über Jahrtausende währenden Geschichte des jüdischen Volkes eine große Ehrfurcht erfahren, wenn man sich immer wieder die Hoffnungskraft und Lebensstärke des Judentums vor Augen führt. Es hat stets seinen Glaubenssatz bewahrt, dass Gott der eigentliche Herr der Geschichte ist. Und dass er letztlich auch im scheinbar sinnlosen Wirrwarr der Weltgeschichte zu seinen Verheißungen steht und sein Volk nicht vergisst.

Doch dieser letzte Satz ist in einer Welt des Unfriedens, der Kriege und des Leids leichter gesagt als tatsächlich von Herzen bekannt. In dem undurchdringlichen Dickicht dessen, was wir „Weltgeschichte" nennen, wird ja von vielen nicht nur nicht die Gegenwart Gottes bezweifelt. Bereits der Glaube an Liebe, Gerechtigkeit und eine letzte, höhere Bestimmung des Menschen wird bezweifelt. Der absolute Tiefpunkt des Hoffens, das Ende allen aufklärerisch-rationalen Fortschrittsglaubens, der totale Bruch in der menschlichen Vernunftgeschichte und der Inbegriff der Sinnlosigkeit war der „Holocaust".

Für viele Theologen markiert dieses Ereignis mit Recht nicht nur die größte Katastrophe in der Geschichte des Judentums. Es markiert auch den Niedergang der Jahrhunderte langen Tradition einer oft auch sehr fragwürdigen christlichen Theologie. „Kann es eine Theologie nach Auschwitz geben?" – so haben nicht wenige gefragt. Wir tun gut daran – auch wenn wir diese Frage als Christen auf der Basis des biblischen Glaubens letztlich bejahen werden –, hier zunächst einmal innezuhalten. Wir sollten uns das ganze Ausmaß der Bedeutung dieser Frage deutlich machen.

Gibt es überhaupt einen Herren unserer Geschichte, außer dem Menschen selbst? Gibt es eine letzte Bestimmung des Menschen? Gibt es ein Ziel für uns fragende, irrende und immer wieder nach Sinn suchende Menschen? Muss man nicht tagtäglich verrückt werden angesichts der Bedrohungen, Ängste und Abgründe dieser Welt? Gegen solche existenziellen Zweifel sind bereits die Propheten Israels aufgestanden und in ihrer Verkündigung eingetreten. Zur Zeit des Propheten Maleachi kam die verzweifelte Frage auf (und sie wird direkt im letzten Vers vor unserem dritten Kapitel gestellt): „Wo ist der Gott des Gerichtes?" –

oder, in der Übersetzung des Alttestamentlers Klaus Koch: „Wo bleibt der Gott der heilvollen Existenzordnung?[1]“ (Mal 2,17). Das ist die Ausgangsfrage.
Doch lassen Sie uns zum besseren Verständnis zunächst kurz auf die besondere historische Situation blicken, die den Hintergrund der prophetischen Worte im dritten Kapitel des Maleachibuches bilden. Die Entstehung des Volkes Israel hängt ja mit dem Auszug der Hebräer unter Mose aus der ägyptischen Knechtschaft und dem Einzug in das gelobte Land zusammen. Um das Jahr 1000 v. Chr. erreicht Israel dann seine größte und bedeutsamste Phase in der Geschichte: Unter den Königen David und Salomo wird Israel für kurze Zeit sogar zur beherrschenden Großmacht im vorderasiatischen Raum. Aber nur für kurze Zeit.
König David gelingt die Einigung der zwölf Stämme Israels, er baut – strategisch günstig, weil in der Mitte zwischen Nord- und Südisrael gelegen – die Stadt Jerusalem zur Hauptstadt und zum kulturell-politischen Zentrum des Landes aus. Sein Sohn Salomo kann dies noch fortsetzen. Doch bereits unmittelbar nach seinem Tod zerfällt das Königreich Israel. Die Nordstämme trennen sich wieder von den Südstämmen. Israel zerfällt in das Nordreich mit dem Namen „Israel“ und das Südreich mit dem Namen „Juda“. Während das Nordreich 722 v. Chr. von den Assyrern erobert wird und zerfällt, gelingt es dem Südstaat „Juda“, noch gut hundert Jahre seine Eigenständigkeit zu wahren. Doch als 622 v. Chr. das assyrische Großreich untergeht, wird es für Restisrael immer schwieriger. 597 v. Chr. marschieren die Babylonier im Königreich „Juda“ ein. Sie deportieren einen Teil der damaligen Führungs- und Ober-

---

1 Klaus Koch: Die Profeten II – Babylonisch-persische Zeit, Stuttgart / Berlin / Köln / Mainz, [1]1988, S. 180.

schicht des Landes. 587 v. Chr. findet die endgültige Katastrophe statt: Das Königreich „Juda" wird vollständig erobert. Der Jerusalemer Tempel, den Salomo errichtet hatte, wird total zerstört. Weite Teile der Bevölkerung werden nach Babylon deportiert und ins berühmte „babylonische Exil" geführt.

Vor dieser Katastrophe hatten bereits die großen Propheten Israels immer wieder gewarnt (Jesaja, Jeremia, Hesekiel). Den Untergang und die Verfallsgeschichte der staatlichen Existenz Israels über Jahrhunderte hinweg hatten sie immer wieder konsequent als Abfall des Volkes Israel von Gott und seinen Geboten gedeutet. Den Zeitgenossen im Exil stellte sich die quälende Frage nach der bleibenden religiösen und kulturellen Identität in einem fremden heidnischen Umfeld.

Doch die Exilsgemeinde in Babylon besinnt sich auf ihre theologischen Traditionen. Sie bewahrt ihre kulturelle und religiöse Eigenständigkeit. Sie glaubt fest an eine Rückkehr und einen Neuanfang. Die Kleinen Propheten Haggai und Sacharja verkünden das Ende des Exils, die Rückkehr der Deportierten, den Wiederaufbau des Tempels in Jerusalem sowie einen hoffnungsvollen Neuanfang. Sie verkünden eine neue Heilszeit. Und der Neuanfang kommt tatsächlich: Der Perserkönig Kyros erobert Babylon und erlaubt weiten Teilen der jüdischen Exilsgemeinde die Heimkehr nach Israel. Im Jahre 515 v. Chr. wird der neue Jerusalemer Tempel tatsächlich eingeweiht.

Doch was folgt nun? In den nächsten Jahrzehnten der Geschichte Israels dominiert – nach der Euphorie des Neubeginns und Neuanfangs – die Resignation. Das Land ist nicht mehr das, was es zuvor gewesen war. Die Jahrhunderte der Fremdherrschaft haben ihre Spuren hinterlassen. Viele Hoffnungen sind zunichte geworden: Resigna-

tion, Hoffnungslosigkeit und Frustration dominierten im Volke.
Der Alttestamentler Karl Elliger beschreibt die Situation um das Jahr 500 v. Chr. herum – zu der Zeit also, in der wir mit dem Auftreten Maleachis zu rechnen haben – wie folgt:

„Die Propheten Haggai und Sacharja hatten den Anbruch der Heilszeit in allernächster Zukunft verheißen. Als Vorbedingung hatten sie die Erbauung des Tempels genannt. Der Tempel wurde 515 v. Chr. vollendet; aber die Weltwende blieb aus. Je länger sie auf sich warten ließ, desto mehr spaltete sich die Gemeinde in zwei Lager. Die einen hofften unentwegt und hielten sich umso eifriger an Kult und Gesetz; die anderen richteten sich auf dem Normalniveau der Frömmigkeit ein, wenn die Enttäuschung sie nicht in die Skepsis oder gar völlige Abwendung vom Väterglauben trieb.“[2]

Die äußere Lage entwickelte sich ebenfalls nicht glücklich, es gab Reibungen in wirtschaftlichen und politischen Fragen. Kurzum: es herrschte eine gesellschaftliche Grundsituation von Orientierungs- und Hoffnungslosigkeit, von Frustration und Enttäuschung, aber auch von Zerrissenheit, die wir auch heutzutage einigermaßen gut nachvollziehen können. Ich will hier natürlich keine vorschnelle, simple und letztlich nicht korrekte geschichtliche Parallele ziehen zwischen Israel im Jahre 515 v. Chr. und dem heutigen Deutschland – aber dies erscheint mir doch wichtig für den emotionalen Zugang, den wir zu diesem Text viel-

2 Karl Elliger: Die Propheten: Nahum, Habakuk, Zephanja, Haggai, Sacharja, Maleachi, Göttingen 1950, S. 177.

leicht bekommen können: Wir können uns ganz gut hineindenken in die Gefühlswelt einer Gemeinde mit gravierenden Problemen. Schließlich stehen wir heute – wenn auch unter völlig gewandelten kulturellen, religiösen und geschichtlichen Bedingungen – auch vor Problemen.
Auch wir können uns fragen, und viele tun es gegenwärtig in unserem Land: Wo sind die Segnungen, die man uns nach der Wende und nach der Wiedervereinigung versprochen hatte? Was ist das für ein Land, in dem die soziale Schere immer mehr auseinanderzugehen droht und der Wohlstand immer ungleicher verteilt zu werden scheint? Wo bleibt im Wettbewerb der Interessen noch die Achtung vor dem gesellschaftlichen Zusammenhalt? Wo bleiben Nächstenliebe und soziale Gerechtigkeit? Wo werden die Werte, die uns alle geprägt haben und prägen, noch hinreichend vermittelt?
Aber es geht nicht nur um eine schwierige wirtschaftliche Lage, sondern vor allem auch um eine tief reichende Sinnkrise in unserer heutigen Gesellschaft, an die ich denken muss, wenn ich dieses Prophetenbuch lese. Bei Maleachi heißt es ja von nicht wenigen im Volk, die höhnisch reden: „Es ist umsonst, dass man Gott dient; und was nützt es, dass wir sein Gebot halten und in Buße einhergehen vor dem Herrn Zebaoth?" (3,14) – Ich frage: Ist uns das – angesichts der tieferen Orientierungs- und Wertekrise, in der wir heutzutage leben – wirklich so fremd?

- Leben nicht schon die meisten Menschen in unserem Land und in Europa beispielsweise längst, als wenn Gott abwesend wäre?
- Wie haben wir politisch gekämpft, damit in irgendeiner Weise der Gottesbezug in die Präambel der europäischen Verfassung kommt! Leider hatten wir bis jetzt keinen Erfolg, aber wir werden uns weiter dafür einsetzen.

- Was müssen wir nicht gerade um den Erhalt des Religionsunterrichtes in Berlin kämpfen, zusammen mit den Kirchen – müssen uns auseinandersetzen mit einem mittlerweile weit verbreiteten Bewusstsein von antireligiöser und antikirchlicher Ignoranz und Intoleranz!

Das alles sind Fragen, die deutlich zeigen, dass auch wir vor gewaltigen Problemen stehen, die unmittelbar unsere Werteordnung und den gesamtgesellschaftlichen Zusammenhalt betreffen. Die Anfechtungen und die religiös-moralische Depression im damaligen Israel dürften jedenfalls groß gewesen sein, wenn der Prophet davon spricht, dass die „Verächter" Gottes im Volke gepriesen werden und die „Gottlosen gedeihen".

Liest man im recht schmalen Prophetenbuch „Maleachi", dann bemerkt man sicherlich viel Fremdes: Der Prophet ist so etwas wie ein glühender Verfechter einer stark am Kultischen orientierten, sehr strengen Frömmigkeit. Das wirkt auf uns heute, die wir weder vom Tempel noch von in ihm vollzogenen Tempelopfern etwas verstehen und wissen, einigermaßen befremdlich. Dass Gottes Gnade vom rechten Vollzug der Opfer abhängen sollte (1. Kapitel), ist für uns heute nur noch schwer nachvollziehbar, für uns Christen allzumal.

Aber auch wenn dies der Fall ist, so müssen wir doch vor allem eines sagen: Maleachis Anliegen war es, an Gott zu erinnern. Und er tat dies in einer bedrängten und von Orientierungslosigkeit und gesellschaftlicher Zerrissenheit geprägten Gesellschaft. Er erinnerte an Gott und damit an den tragenden und letztlich entscheidenden Existenzgrund allen guten menschlichen Lebens. Ohne die identitätsstiftende Kraft der Glaubenstraditionen der Väter und Mütter Israels, ohne seine spezifischen Frömmigkeitstraditionen – so der Theologe Klaus Koch – hätte Israel bis zur Zeit Jesu „niemals die folgenden bewegten fünf Jahrhunderte Weltgeschichte überstanden“[3]. Ich füge hinzu: Ohne die Bewahrung seiner besonderen religiösen und kulturellen Traditionen hätte das jüdische Volk wohl auch nicht die weiteren zwei Jahrtausende Geschichte überstanden.

Ich frage mich vor dem Hintergrund dieser prophetischen Mahnung heute auch: Haben wir – gerade auch wir deutschen Protestanten – überhaupt noch ein rechtes Bewusstsein davon, dass ein lebendiger Glaube neben ethischer Gesinnungsforderung und gesellschaftlich-politisch geübter Verantwortung – was alles wichtig ist! – auch wesentlich etwas mit „Kultus“ zu tun hat? Mit Kultus im wohlverstandenen Sinne: Also mit gelebten und gefeierten und im Gottesdienst sinnlich erfahrbaren Ritualen? – etwas zu tun hat mit der Pflege von Frömmigkeitspraxis, mit Gebeten, mit gelerntem und verinnerlichtem Katechismus, Liedern und Bibelstunden? Und wenn das noch bejaht werden sollte, wo erfahren wir das denn noch in unseren Gemeinden? Wie pflegen wir unsere diesbezügliche Identität? Glaube, gerade auch wenn er den kommenden Generationen weiter vermittelt werden will, bedarf auch der Formgebung und der bewussten liebevollen Gestaltung.

„Protestantismus“ wird heute doch zudem von vielen Menschen nicht selten als ziemlich bindungslose und freie Einzelveranstaltung begriffen. Inwiefern die Kirche ein Stück weit selbst zu dieser Entwicklung beigetragen hat, möchte ich an dieser Stelle nicht erörtern. Ich erinnere aber daran, dass der Ratsvorsitzende der Evangelischen Kirche in Deutschland, Bischof Wolfgang Huber, davon gesprochen hat, dass unsere Kirche eine Phase der Selbst-

3 Klaus Koch, a.a.O. S. 179.

säkularisation durchschritten hat: keine schmeichelhafte Analyse der Kirche des Wortes, aber ich bin sehr froh über dieses selbstkritische Wort, denn unser Land braucht eine Kirche, die wirklich als Kirche für die Menschen da ist – eine Kirche, die den Menschen Gott nahebringt. Das kann auch zu einem prophetischen Auftrag werden.

Denn es ist doch leider immer noch so: Viele evangelische Christen verlassen ihre Kirche und meinen, auch ohne Kirchengemeinde christlich zu leben. Ist das nicht eine Illusion?

Um nicht missverstanden zu werden: Religiöse Traditionen und Formen der Frömmigkeit, Rituale und Kultus, ja auch Kirche selbst, müssen sich in protestantischer Perspektive immer vor dem Wort Gottes rechtfertigen. Sie haben dienende Funktion. Sie unterstehen so auch immer der Kritik. Die Form der Frömmigkeit darf sich selbst niemals gegenüber ihren Inhalten verselbstständigen oder verabsolutieren. Das hat uns Luther gelehrt. Auf der anderen Seite gehören Form und Inhalt immer zusammen. Soviel zur Ehrenrettung der kultischen beziehungsweise institutionalisierten Dimension von lebendigem Glauben.

Wenn Maleachi jedenfalls zu seiner Zeit und an seinem Ort mit der Frage konfrontiert ist, was denn nun mit Gottes Verheißungen sei und wo denn Gott selbst in Erscheinung trete in orientierungsloser Zeit, verweist er mit Überzeugung darauf, dass Gott seine Zusagen einhält. Maleachi verkündet einen geheimnisvollen „Boten", den der Herr senden wird und der ihm den Weg bereiten soll (3,1). Am Ende des Buches wird vom wiederkommenden Elia geredet, der dem Kommen Gottes an seinem „Tag" (3.23) vorausgehen wird.

Doch der Prophet macht damit vor allem folgendes klar: Der Tag des Kommens Gottes ist für diejenigen, die nach

ihm fragen und sein Kommen einfordern, immer auch ein Tag des Gerichtes. Wenn Gott seine Herrschaft vollendet, wenn er kommt, dann stellt sich auch die Frage:
„Wer wird aber den Tag seines Kommens ertragen können, und wer wird bestehen, wenn er erscheint? Denn er ist wie das Feuer eines Schmelzers und wie die Lauge der Wäscher." (3,2)
In diesen Worten spüren wir wiederum den ganzen religiösen und ethischen Ernst alttestamentlicher Prophetie. Wer Gottes Ausbleiben in dieser Welt und Geschichte beklagt und kritisiert, dem sagt der Prophet unmissverständlich: Bevor du, Mensch, Gott ins Gericht ziehst, schau auf dich selbst und deine Werke – und prüfe dich! Mit den Worten Maleachis: „Und ich will zu euch kommen zum Gericht und will ein schneller Zeuge sein gegen die Zauberer, Ehebrecher, Meineidigen und gegen die, die Gewalt und Unrecht tun den Tagelöhnern, Witwen und Waisen und die den Fremdling drücken und mich nicht fürchten, spricht der Herr Zebaoth." (3,5)
An dieser Stelle lässt Maleachi seinen ganzen Frust über den Abfall des Volkes zum Vorschein kommen. Er sieht, wie die Menschen miteinander umgehen. Er sieht Gewalt in der Gesellschaft gegenüber schwächer Gestellten. Denjenigen, die ganz am Rande der sozialen Skala sind, den Tagelöhnern, Witwen und Waisen wird Unrecht angetan. Das geht nicht, sagt Maleachi. Das ist gegen Gottes Gebot. Und es erinnert uns als heute Handelnde daran, dass wir trotz aller wirtschaftlichen Nöte und Sorgen genau dafür zu sorgen haben, dass dies nicht geschieht. Den sozial Schwächsten darf kein Unrecht geschehen. Ihnen muss auch in Zukunft unser Augenmerk gelten.
Dies gilt gerade für eine Politik, die sich dem christlichen Menschenbild verpflichtet weiß. Ich bin der festen

Überzeugung, dass die Soziale Marktwirtschaft, wie sie von Ludwig Erhard entwickelt wurde, in ihrem wesentlichen Gehalt auch in Zukunft der Weg sein wird, der es in Deutschland verhindern wird, dass diese Kälte Raum greifen wird. Ich betone aber auch, dass sich jeder seiner gesellschaftlichen Verantwortung mehr als bisher wieder im Klaren sein muss.

Das heißt dann aber auch, dass wir Gottes Gebote immer wieder als Grundlage unseres Handelns neu zu entdecken haben. Wer sich hiervon entfernt, verlässt als Gesellschaft das Gebot der Nächstenliebe und gerät nicht zuletzt in Konflikte, die auch die Generationen gegeneinander aufbringen. Und wer die Generationen gegeneinander aufbringt, der weiß, dass er damit das gesellschaftliche Gleichgewicht gefährdet.

Hierfür ist es aber wichtig, dass wir endlich anfangen, die richtigen Fragen zu stellen, und dass wir uns auch zumuten, hörfähig zu werden, die richtigen Antworten auf die jetzige Situation in Deutschland aufzunehmen. Wenn wir eines von Maleachi lernen können, dann doch unter anderem, dass Gott seinem Volk die richtigen Fragen stellt. Er fragt: „Ist es recht, dass ein Mensch Gott betrügt, wie ihr mich betrügt?“ Und die Gegenfrage des Volkes soll suggerieren, dass es gar nicht weiß, wo etwas schiefläuft. Es fragt nämlich Gott zurück: „Womit betrügen wir Dich?“ Und Gott hat die passende Antwort parat. Sie wird dem Volk nicht gefallen haben, aber sie wussten jetzt, woran sie waren. Und sie haben die Möglichkeit bekommen, umzukehren und den richtigen Weg einzuschlagen.

Fehlt uns das nicht heute in der Politik? Fehlen uns nicht die klaren Fragen, die die richtigen Antworten in sich tragen und letztlich darauf warten, endlich politisch umgesetzt zu werden? Ich meine ja! Lassen Sie uns als Christen in dieser Gesellschaft diese Fragen aufwerfen. Lassen Sie uns fragen, warum in Deutschland alles so ist, wie es ist. Und lassen sie uns gemeinsam Antworten finden, die deutlich machen, wie gehandelt werden muss, um dies zu ändern. Wenn wir wieder hoffnungsfroh in die Zukunft blicken wollen, dann dürfen wir uns keine Frage und die Beantwortung derselben ersparen.

Wo Gott seine Herrschaft aufrichtet, so sagt es die Bibel, bleibt nichts beim Alten. Von dieser Verheißung wissen wir auch und gerade als Christen etwas. Das Neue Testament deutet die Gestalt des wiederkommenden „Elia“ und Boten Gottes aus Maleachi 3,1 auf die Person Johannes des Täufers, des Wegbereiters Jesu Christi.

Als Christen erwarten wir – im Gegensatz zu alttestamentlichen Endzeiterwartungen – das endgültige Kommen Gottes nicht in dieser irdischen Weltzeit. Das Reich Gottes, die Verwirklichung von Gottes heilvoller Existenzordnung, ist nichts, was wir mit irdischer Zeit oder irdischen Kategorien messen können. Das Reich Gottes ist nicht einfach die abschließende Fortsetzung der linear verlaufenden historischen Zeit. Denn wir wissen, dass das Reich Gottes allein das Werk Gottes ist.

Wenn der „Tag des Herrn“ kommen wird, wird nichts beim Alten bleiben. Wenn Gott seine heilvolle Existenzordnung endgültig aufrichtet, dann wird das zugleich auch ein Gericht über alles Dunkle, Böse und Gottwidrige sein. Das ist unvermeidlich. Das sind die zwei Seiten des Kommens Gottes.

Allerdings: Durch den Glauben an Jesus Christus dominiert für uns nicht die Vorstellung des „schrecklichen Tages“ (vgl. Mal 3,23), sondern wir leben zunächst einmal von der frohen Botschaft Gottes her. Als Protestanten wissen wir, dass wir uns unser Heil nicht aus uns selbst und

durch unsere Werke verdienen können. Wir wissen, dass durch Christus vor jeder „Gesetzespredigt“ die frohe Botschaft, das Evangelium, steht.
Aber auch beim Propheten Maleachi – so düster manches bei ihm auch klingen mag – steht letztlich die frohe Hoffnungsbotschaft im Zentrum. In Vers 20, am Ende des Buches, heißt es wunderschön: „Euch aber, die ihr meinen Namen fürchtet, soll aufgehen die Sonne der Gerechtigkeit und Heil unter ihren Flügeln.“
Dies ist ein wunderschönes Bild. Die Alte Kirche hat darum konsequent von ihrem Verständnis des Heils her diese „Sonne der Gerechtigkeit“ auf Christus hin gedeutet. Der Ursprung des Weihnachtsfestes mit seiner Lichtsymbolik – Christus als das Licht der Welt – mag dies kulturgeschichtlich ebenso veranschaulichen wie das berühmte Bild vom mit der Sonne förmlich verschmelzenden Christus auf dem Isenheimer Altar des Matthias Grünewald. In unserem „Evangelischen Gesangbuch“ findet sich das wunderschöne Lied „Sonne der Gerechtigkeit“ (EG 263).
Über das, was das Wort „Gerechtigkeit“ bedeutet, könnten wir jetzt lange sprechen. „Gerechtigkeit“ im Alten Testament bedeutet aber etwas anderes, als wir gemeinhin darunter verstehen. Gerade vor dem Hintergrund der aktuellen politischen Diskussionen um die Zukunft unseres Sozialstaates finde ich diesen Hinweis interessant: Das hebräische Wort Zedaka, das wir mit Gerechtigkeit übersetzen – darüber habe ich mich aufklären lassen – ist eigentlich mit praktizierter „Gemeinschaftstreue“ zu übersetzen. Und zwar Gemeinschaft mit Gott und den Menschen.
Der Gedanke im Alten Testament: Wer sich treu zu Gott hält – und natürlich seine Gebote achtet –, übt Gemeinschaftstreue und ist daher „gerecht“. Ihm wird gleichsam als natürlichem Ausfluss auch immer Segen und Heil zuteil, weil er

sich ja zu Gott hält. Deswegen könnte man hier auch sagen, wie es einige Übersetzer machen: „Sonne des Heils".
„Gerechtigkeit" so verstanden ist immer geübte Solidarität. Da hier immer konkret zu schützende Gemeinschaftsverhältnisse im Blick sind, vor denen es sich zu verantworten gilt, und diese „nah am Menschen" sind, ist in gewisser Weise hier auch der Begriff der „Subsidiarität" enthalten. Das alttestamentliche Wort, das mit „Gerechtigkeit" zumindest missverständlich wiedergegeben wäre, lässt somit mehr kreative Spielräume als so mancher trockenabstrakte philosophische beziehungsweise akademische „Gerechtigkeitsdiskurs" unserer Tage.
„Gerechtigkeit" im Alten Testament blickt auf den Gemeinschaftswillen aller. Und damit ist wirklich jeder – an welchem Platz er auch sei – gemeint. Alle sind gewissermaßen gemeinsam verantwortlich. Und das ist, wie wir beim Propheten Maleachi lernen, nicht nur eine ethisch-moralische oder politische Frage. Es ist auch eine Frage, die mit Grundorientierungen, mit Glaube, mit geteilter Identität und geistlich-religiöser Ausrichtung einer ganzen Gesellschaft zu tun hat.
Ich finde den Gedanken inspirierend, dass die sozialen und wirtschaftlichen Probleme, vor denen auch wir gegenwärtig stehen, nicht allein politischer, sozialer und wirtschaftlicher Art sind, sondern auch geistiger (oder sogar geistlicher) Art. Ist unserer Gesellschaft nicht ein Stück weit Orientierung und Bewusstsein um unsere jetzigen Grundlagen verloren gegangen? Müssen wir uns nicht wieder stärker auf unsere Wurzeln und unser Wertefundament besinnen?
Und damit komme ich zum Schluss, der in gewisser Weise das Thema beziehungsweise Motto unseres Kirchentages mit unserem heutigen Bibeltext zusammenbindet. Im letzten Vers steht eine wunderschöne Vision. Da heißt es näm-

lich, dass Gott das „Herz der Väter zu den Söhnen" und das „Herz der Söhne zu den Vätern bekehren" will (Mal 3,24). Gibt es einen treffenderen Ausdruck dafür, was „Generationengerechtigkeit" und „Generationenfürsorge" heißen kann? Und wenn wir etwas vom Propheten Maleachi auch für unsere Zeit mitnehmen, dann ist dies für mich der Gedanke, dass die wirklich tragenden Fundamente und Voraussetzungen einer menschenwürdigen Zukunft auch in unserem Land nicht in erster Linie nur politische Aufgaben beschreiben. Es geht vor allem auch um unsere gemeinsame Werteorientierung, die Erziehung unserer Kinder und nicht zuletzt um das gemeinsame Glauben, Hoffen und Bekennen. „Wenn dein Kind dich morgen fragt ...", so lautet das Kirchentagsmotto aus dem 5. Buch Mose 6,20. Der Liedermacher Heinz-Rudolf Kunze, der den diesjährigen Kirchentagssong geschrieben hat, textet treffend:

„Wenn dein Kind dich morgen fragt,
wozu sind wir auf der Welt,
wenn es anfängt sich zu wundern,
wenn es wissen will, was zählt, ...
dann bleib nicht die Antwort schuldig,
fällt sie dir auch noch so schwer."

Das ist unsere Aufgabe. Als Christen – ob in Kirche, Politik, Beruf oder Familie – dürfen wir diese Antworten nicht schuldig bleiben. Und das sage ich bewusst als Politikerin: Es ist eine Verantwortung vor Gott und den Menschen. Haben wir den Mut, miteinander auch neue Wege zu gehen! Wichtig ist, dass wir sie gemeinsam gehen. Und mutig können wir als Christinnen und Christen in jedem Fall sein, denn uns ist verheißen die „Sonne der Gerechtigkeit" auf unserem Wege.

„Es gibt keinen Anspruch auf Wunder“

Angela Merkel nimmt die Geschichte des Markus-Evangeliums (Mk 5,21-43), um bei ihrer Bibelarbeit auf dem Evangelischen Kirchentag 2001 an die aufkommenden Debatten über Sterbehilfe und Bioethik anzuknüpfen. Es ist eine ungewöhnlich persönliche Annäherung, bei der sie mit der Jesus-Erzählung auch hadert, sich von ihr anfragen lässt und schließlich zu einer politischen Deutung kommt. Ein seltenes Fundstück, die spätere Kanzlerin als Exegetin zu erleben.

Dieser Tag beginnt mit einer Bibelarbeit. Das ist gut so. Denn Kirchentage sind Brennpunkte unseres christlichen Lebens. Sie sind ein Zeichen der Lebendigkeit des Geistes, der Seele, der Menschen, der Besucher. Sie sind so etwas wie Tankstellen einer großen Gemeinschaft. Kirchentage geben Anstöße, etwa durch ihre Losung – in unserem Fall: „Du stellst meine Füße auf weiten Raum".

Vielleicht ist der Text aus dem 5. Kapitel des Markus-Evangeliums, über den ich heute diese Bibelarbeit halten möchte, eine Interpretation, eine Ausfüllung dieses Wortes: „Du stellst meine Füße auf weiten Raum": Wir haben als Menschen eine Perspektive vor uns. Wir haben die Verantwortung, unser Leben zu gestalten; und wir können dies tun im Wissen um die Botschaft des Neuen Testamentes. Dort lesen wir von Jesus und erfahren, wie er gehandelt hat. Wir lernen aber auch einiges über die Grenzen unseres weiten Raums. Dies gilt auch für unseren Text aus dem Markus-Evangelium. Es ist ein Text, der sich mit der Ohnmacht der Menschen beschäftigt – mit ihren Enttäuschungen und Hoffnungen – und der uns dann mit etwas konfrontiert, was wir gemeinhin als Wunder bezeichnen. Damit tun sich viele von uns schwer. Wir wundern uns zwar über manches, aber Wunder im eigentlichen Sinne kommen in unserem Leben oder in unserer Planung nicht vor.

Mk 5,21-43 ist eine wundersame Geschichte. Ich weiß nicht, wie es Ihnen geht. Ich finde, es ist auch eine strenge Geschichte. Jesus schreitet gleichsam durch zwei Stränge der Erzählung, und immer, wenn es um Emotionen und die Menschen um ihn herum geht, dann mahnt er und sagt: Konzentriert Euch auf das Wesentliche.

Wenn wir uns die Hauptpersonen dieser Geschichte anschauen, so sehen wir zunächst die Frau und das Mädchen: die Frau, die seit zwölf Jahren an Blutfluss leidet, und das Mädchen, das krank ist und im Sterben liegt. Die Frau war von Arzt zu Arzt gegangen, um geheilt zu werden. Sie hat überall versucht, Hilfe zu bekommen – vergebens. Nun aber weiß sie, dass Hilfe jetzt nur noch von Jesus kommen kann. Sie muss sich mühsam den Weg durch die sperrige Menge bahnen. Sie muss und kann aktiv werden, während die Tochter des Jairus selber gar nichts mehr tun kann. Was die Geschichten von Frau und Mädchen verbindet, ist die Tatsache, dass Jesus ihnen begegnet – als Freund des Lebens und als Garant für die Zukunft; für eine Zukunft, von der beide dachten, dass sie ihnen vorenthalten bleiben würde.

Wir sollten aber auch die dritte Hauptfigur dieser Geschichte – neben Jesus – nicht aus den Augen verlieren: den Synagogenvorsteher Jairus – einer der angesehensten Bürger der Stadt. Aber nicht als solcher kommt er in diese Geschichte, sondern als Vater einer Tochter – einer Tochter, um deren Leben er bangt. Die Situation ist akut, und deshalb weiß der Vater, dass er Hilfe bekommen muss. Also geht er zielsicher auf Jesus zu. Er scheint ihm etwas zuzutrauen. Das macht ihn interessant. Denn viele derer, die Jesus umgeben, trauen ihm längst nicht so viel zu. Jairus aber geht zielsicher auf Jesus zu – im festen Vertrauen darauf, dass – wenn überhaupt jemand, dann nur – dieser Jesus seine Tochter heilen kann. Er hat Vertrauen in einer hoffnungslosen Situation. Er weiß: Für Experimente ist keine Zeit mehr. So wirft er sich vor Jesus nieder, voller Vertrauen und Hoffnung – und Unruhe. Denn die Sache drängt, und Jesus muss sich beeilen. Das Kind kann jede Sekunde sterben.

Und nun wird es spannend: Inmitten dieser Eile beginnt plötzlich eine andere Geschichte. Während der Vater noch

versucht, mit Jesus zu dem Haus zu gelangen, in dem seine Tochter im Sterben liegt, begegnet ihnen die am Blutfluss leidende Frau. Man kann sich das nicht dramatisch genug vorstellen: Die Menge hindert sie am schnellen Fortkommen. Die Leute fragen sich: „Reicht's noch? Kommt er noch rechtzeitig?" Und als sie dann endlich am Haus des Jairus ankommen, diese schreckliche Nachricht: Es ist zu spät, aus und vorbei. Und bei allem Zutrauen zu Jesus glaubt man doch: tot, gestorben, hier kommt jede Hilfe zu spät. Wo gerade noch Hoffnung aufkeimte, herrscht nun Resignation: „Vater, was bemühst du denn jetzt noch den Meister?!" Auf gut deutsch heißt das: „Lass Jesus in Ruhe, jetzt kann auch er nicht mehr helfen." Es scheint alles vergeblich: Der Tod hat das letzte Wort. Schicksal, würden wir sagen. Und da ist dann auch keiner, der widerspricht.
Nur Jesus: Mitten in diese Stimmung, in diese Resignation hinein sagt er nur fünf Worte: „Fürchte dich nicht, glaube nur." Wir alle kennen dieses Fürchte dich nicht! Wir kennen es aus der Weihnachtsgeschichte, wo es die Engel sprechen, als sie den Hirten begegnen. Wir sollen uns nicht fürchten. Wenn die Kirchentagslosung sagt „Du stellst meine Füße auf weiten Raum", dann geht damit die Forderung an uns einher: Seid furchtlos! Schaut furchtlos in diesen weiten Raum. Versucht etwas in ihm zu tun, etwas zu bewegen. Fürchte dich nicht! Und in der Weihnachtsgeschichte heißt es weiter: „Siehe, ich verkündige euch große Freude!" So ist die Bibel: Wenn man in Resignation und Furcht ist, wenn man nicht weiter weiß, dann sagt sie uns das Gegenteil. Nicht nur „Fürchte dich nicht", sondern auch: „Ich verkündige euch große Freude!"
Diese Spannung kann nur aushalten, wer ein Stück Glauben in sich hat. Wer diesen Glauben nicht hat, kann Jesu Worte nur als völlig unpassend empfinden. Und wie die-

Menschen so sind, stünde zu erwarten, dass die Trauer über den Tod des Mädchens in Wut umschlagen könnte. Dass in dieser Situation einer kommt und sagt: „Fürchte dich nicht" – das, meine ich, ist das Harte an dieser Geschichte: Jesus hält sich nicht auf mit all dem Weinen und Greinen. Es klingt fast so, als ob er ein bisschen abfällig über die Emotionen der Menschen hinwegginge. Dabei kann man sie so gut verstehen in diesem Schmerz und Kummer, die dann so scharf zurückgewiesen werden, wenn Jesus sagt: „Das Kind ist nicht gestorben, es schläft nur!" Für die Menschen, die tagelang am Bett des Mädchens gesessen und seinen Krankheitsverlauf beobachtet haben, ist das starker Tobak. Sie wissen genau, dass das Kind tot ist (zumindest glauben sie es zu wissen), und er sagt: „Es schläft nur!" Klar, dass sie sich über Jesus aufregen – wie der da reinkommt, von nichts eine Ahnung hat, bei dem ganzen Leiden vorher nicht da war und dann so ein unverständliches Zeug redet.
Mit dieser Stelle erreicht die Geschichte einen ungeheuer spannenden Punkt: die Grenze von Leben und Tod – ein Thema, das auch diesen Kirchentag sehr beschäftigt. Es wird viel über Gentechnologie und die damit einhergehenden ethischen Probleme gesprochen. Diese betreffen vor allem den Beginn des Lebens. Aber Sie werden sich gewiss daran erinnern, dass wir noch vor wenigen Wochen, im Zusammenhang mit einem niederländischen Gesetz zur aktiven Sterbehilfe, intensiv über das Ende des Lebens diskutiert haben. Dieses Thema wird uns auch in Zukunft beschäftigen. Wir haben im Deutschen Bundestag vor einigen Jahren ein schwieriges Gesetz verabschiedet: das Gesetz zur Organtransplantation. Damals ging es um die Frage: Wann ist ein Mensch tot? Im Gegensatz zum Lebensbeginn, den wir im Embryonenschutzgesetz durch

den Zeitpunkt der Verschmelzung von Ei- und Samenzelle juristisch präzis definiert haben, lässt das Gesetz am Ende des Lebens zwischen dem Hirntod und dem klinischen Tod einen kleinen Spielraum; und zwar deshalb, weil nur in genau dieser Spanne dem Körper Organe entnommen werden können, die anderer Menschen Leben retten. Viele derer, die sich bei der heutigen Debatte über Präimplantationsdiagnostik und Stammzellenforschung zu Wort melden, haben die damalige Diskussion über die Grenze zwischen Leben und Tod verfolgt. Ich denke, das ist gut so, denn in der Tat ist es sinnvoll, den Beginn des Lebens und das Ende des Lebens zusammen zu denken. Beides hat sehr viel miteinander zu tun. Denn bei beidem stoßen wir auf die Grenzen des weiten Raums.

Unsere Füße sind auf weiten Raum gestellt, aber dieser Raum kennt Grenzen. Diese Grenzen sind von Gott zu durchbrechen – das sagt unsere Geschichte. Aber gerade darin ist sie so anstößig. Zumindest tue ich mich schwer damit, wider alle Vernunft und Erfahrung zu sagen: Jawohl, das Kind ist gar nicht tot, es schläft nur. Ich kann die Aufregung der Familie des Jairus gut nachvollziehen, wenn sie das nicht glauben mochte.

Jesus geht also zielsicheren Schrittes mit drei seiner Jünger und den Eltern in das Zimmer des Mädchens. Und wieder überrascht uns die Bibel damit, dass sie Jesus nur wenige Worte sagen lässt: „Du, Mädchen, ich sage dir, stehe auf!" Jesus veranstaltet keine große Show vor einer riesigen Menge. Er handelt still in dem Zimmer des Mädchens – umgeben von denen, die es im Innersten angeht. Und er hilft. Er verwandelt den Tod in Leben. Das Mädchen steht auf.

Damit erreicht die Geschichte den Punkt, an dem wir sagen: Glaube kann Berge versetzen, Wunder sind möglich. Aber ich füge warnend hinzu: Es gibt keinen Anspruch auf Wunder und es gibt keinen Grund, mit ihnen zu rechnen. Vielleicht ist dies der Grund, warum ich mit unserer Geschichte hadere: weil sie so eine positive Geschichte ist – weil doch jede und jeder von uns weiß und erfahren hat, dass jemand, der gestorben ist, unwiederbringlich tot ist und eben nicht das Glück hat, ins Leben zurückgerufen zu werden. Ich sage damit nicht, dass unsere Geschichte Unmögliches erzählt. Ich bestreite nicht, dass sie sich so zugetragen hat, wie Markus erzählt. Ich sage nur, dass es nicht möglich ist, aus ihr einen Anspruch abzuleiten – auch nicht für den Gläubigen. Die Geschichte sagt nicht, dass der, der glaubt, er glaube richtig, es besser hätte als der, der nicht so intensiv glaubt. Denn hinter dieser Einstellung verbirgt sich ja gerade der Anspruch: Wenn ich nur richtig glaube, dann wird mir auch Gutes widerfahren. Die Hauptfiguren unserer Geschichte – wie in vielen anderen biblischen Geschichten auch – strahlen Vertrauen aus, aber sie erheben nie Ansprüche.

Was mir an unser Geschichte am Besten gefällt, ist ihr Schluss: Das Mädchen steht auf. Und wie alle anfangen, sich zu wundern und zu schwärmen und zu sprechen, da sagt Jesus kurz und knapp: „Und nun gebt ihr zu essen." – das Wichtigste zuerst und nicht so viel rumgemacht. Das berührt mich.

Soweit die Rahmengeschichte unseres Textes. Innerhalb dieses Rahmens aber spielt sich etwas anderes ab: die Geschichte jener Frau, die seit zwölf Jahren an einem ungestillten Blutfluss leidet. Wie Sie wissen, handelt es sich bei biblischen Zahlen wie zwölf, sieben oder vierzig zumeist um heilige, symbolische Zahlen. So auch in diesem Fall: Zwölf Jahre, das ist der Inbegriff von ewig, dauerhaft und unüberwindbar. Durch und durch ist das Leben dieser Frau von dieser schrecklichen Krankheit bestimmt. Blut bedeutet in der jüdischen Kultur Leben. Es ist der Sitz des Lebens, und deshalb ist dieser Blutfluss so etwas wie das Verrinnen des Lebens. Immer wieder wird dieser Frau Leben genommen. Und er ist der Inbegriff einer schrecklichen Krankheit. Wenn man sich im Alten Testament im 15. Kapitel des Buches Levitikus die Beschreibung dieser Krankheit vor Augen führt, dann ahnt man, mit was für einer Plage diese Frau zu leben hat. Dort nämlich steht geschrieben:

„Wenn ein Weib den Blutfluss lange Zeit hindurch hat, nicht zur Zeit ihres Monatsflusses oder über die Zeit ihres Monatsflusses hinaus, so ist sie während der ganzen Zeit ihres unreinen Flusses unrein wie in den Tagen ihres Monatsflusses. Jedes Lager, auf dem sie liegt, solange ihr Fluss andauert, soll ihr gelten wie das Lager während ihres Monatsflusses. Jedes Gerät, auf dem sie sitzt, wird unrein, wie dann, wenn sie infolge des Monatsflusses unrein ist, und wer diese Dinge berührt, der wird unrein, und er soll seine Kleider waschen und sich in Wasser baden, und er ist unrein bis zum Abend." (3. Mose 15,25-27)

Ich lese Ihnen diese Passage vor, weil ich meine, dass diese klare Sprache, mit der uns schonungslos vor Augen geführt wird, welche Krankheiten es gibt, in einem scharfen Kontrast zu dem steht, wie wir heute mit Krankheit umgehen: Wir tun so, als gäbe es nur eine Gemeinschaft der Gesunden – zumindest geben wir uns alle Mühe, zu ihr dazuzugehören – und drängen die Kranken und Schwachen damit ins Abseits, sortieren sie aus und überlassen sie der Fürsorge von Spezialisten. Wer dann trotzdem mit der Realität von Krankheit und Leid konfrontiert wird, reagiert oft mit Ablehnung: Muss das jetzt sein? Müssen wir uns das auch noch vor Augen führen? Die Realität jedenfalls lässt sich nicht leugnen: Es gibt schwere Krankheiten. Es gibt riesige Herausforderungen. Und wer gesund ist, sollte sich jeden Tag aufs Neue klarmachen, dass es alles andere als selbstverständlich ist, das eigene Leben frei gestalten zu können – den weiten Raum, auf den unsere Füße gestellt sind, durchmessen zu können: Und dabei sollten wir nie vergessen, dass es eben auch anders sein kann – dass das Leben nicht nur schöne oder perfekte Seiten hat. Sich dies immer wieder ins Bewusstsein zu rufen, scheint mir ganz wichtig zu sein, um zu verhindern, dass wir uns in unserer Lebensperspektive immer weiter einengen. Dies aber darf nicht passieren, wenn wir Fragen stellen wie: Was ist Krankheit? Was ist Behinderung? Wie viel Krankheit und Behinderung können wir im normalen „Leben" überhaupt ertragen?

Solche Fragen beschäftigen uns mit Recht. Denn sie zu stellen verhindert die leichtfertige Unterscheidung von Krankheit und Gesundheit. Wer sich hingegen anmaßt, andere Menschen aufgrund derer Behinderung und Krankheit auszugrenzen, der wird am Ende womöglich schneller als gedacht erleben, dass auch er in eine Kategorie fällt, in der er nicht mehr zur Spezies der Gesunden und Starken gehört. Deshalb ist es so wichtig, dass wir das Leben in seiner Gesamtheit annehmen und gemeinsam tragen. Und deshalb ist es auch wichtig, nicht die Augen vor der Krankheit und dem Leiden anderer zu verschließen.

Zurück zu unserer Geschichte: Die Frau leidet an einer Krankheit, deren Folgen klar erkennbar sind – für sie selbst ebenso wie für ihre Mitmenschen: Letztere haben massive Berührungsängste. Die Frau führt ein Leben des Tabu, der Unreinheit. Sie ist umgeben mit unsichtbaren Schildern, die jedermann warnen: Rührt mich nicht an, sonst seid auch ihr infiziert. Es ist schrecklich, fortwährend dieses Signal aussenden zu müssen – gerade den Menschen gegenüber, die man liebt. Es ist schrecklich, die Nähe und menschliche Bindung, nach der wir alle suchen, um der anderen willen immer wieder abweisen zu müssen. Kein Wunder, dass diese Frau von Arzt zu Arzt geirrt ist und immer wieder versucht hat, ihr Leiden abzuschütteln.

Eine solche Situation des Immer-auf-der-Hut-sein-Müssens ist für Menschen unwürdig. Das sollten wir uns immer wieder vor Augen halten, wenn wir über die Gentechnologie streiten. Dann haben wir manchmal sehr schnelle und sehr klare Antworten bereit, aber das faktische Leiden von Menschen bleibt bestehen. Aber haben wir nicht von Gott den Auftrag erhalten, Leiden zu lindern und Kranken zu helfen? Ist es nicht ganz natürlich und gottgewollt, Krankheiten zu bekämpfen? Nicht mehr und nicht weniger tut diese Frau auch – von Arzt zu Arzt. Die Geschichte der Menschheit ist durchsetzt von Versuchen, jeweils ein Stück weit besser mit Krankheiten umgehen zu können. Deswegen rate ich dazu, die Debatte um die Chancen und Risiken der Gentechnologie nicht so radikal zu führen, dass wir am Ende die Ethik des Heilens aus den Augen verlieren. Ich meine, dass die Gentechnologie nur dort ihre Grenzen hat, wo sie in das Leben anderer eingreift. Das dürfen wir nicht. So viel ist klar. Wir dürfen nicht zum Zweck der Gesundheit des einen Menschen einen anderen zum Mittel machen.

Doch was sich allgemein formuliert gut sagen lässt, stellt sich im Einzelfall oft viel schwieriger dar – etwa dann, wenn es darum geht, das Leben eines geliebten Menschen zu retten. Ich denke dabei an den Fall eines amerikanischen Ehepaars, über den ich nicht so leicht hinwegkomme. Dieses Paar hat ein Kind, das an einer unheilbaren

Blutkrankheit leidet. Die Eltern wissen, dass dieses Kind mit größter Wahrscheinlichkeit im Alter von sieben Jahren sterben wird. Nun wollte dieses Paar ein zweites Kind und man sagte ihm, dass es möglich wäre, mit diesem zweiten Kind – wenn es gesund ist – auch das erste Kind zu retten. Diese Perspektive bestand aber nur deshalb, weil das zweite Kind über die Präimplantationsdiagnostik untersucht worden war und dabei festgestellt werden konnte, dass durch sein Nabelschnurblut eine Rettung seines älteren Geschwisterchens möglich wäre. Das Ganze ist gelungen, und nun hat dieses Ehepaar die zwei Kinder, die es sich wünschte – und beide sind gesund – dank der und um den Preis der mit ihr einhergehenden Selektion von Embryonen.

Ich verweise auf dieses Beispiel, um Ihnen deutlich zu machen, wie unsicher ich mir darüber bin, ob es gerechtfertigt ist, die Präimplantationsdiagnostik als einen bioethischen Dammbruch rundum abzulehnen. Ich habe große Schwierigkeiten damit, dass dieses Verfahren auch dann angewendet wird, wenn es nicht um Leben und Tod geht. Deshalb respektiere ich auch jede und jeden, die sagen: „Diesen Dammbruch mache ich nicht mit!" Aber ebenso respektiere ich auch jeden und jede, die sagen, dass wir so etwas auch verwenden, wenn es nicht um Leben und Tod geht, und deshalb respektiere ich jede und jeden, die diese Ablehnung nicht teilen, wenn es darum geht, das Leben eines geliebten Menschen in der eigenen Familie zu retten.

Zurück zu unserem Bibeltext: Diese blutflüssige Frau hat ein ganz schweres Leben. Sie hat alles versucht, um ihre Krankheit loszuwerden. Sie ist arm geworden darüber – ein Umstand, der mich dazu verführen könnte, einem weiteren Exkurs, dieses Mal über das Gesundheitssystem in

Deutschland, einzuschalten. Ich werde dieser Versuchung widerstehen und bleibe bei unserer magischen Szene: Die Frau spürt, dass Jesus aufgetaucht ist. Sie muss sich einen Weg durch die Menge bahnen, denn sie weiß, dass Jesus ihr helfen wird. Diese Gewissheit kann man rational nicht erklären. Aber so etwas kann ich mir in meinem Leben auch vorstellen. Es gibt diese intuitive Sicherheit, von der man niemandem erklären kann, woher sie kommt. Sie ist einfach da. Und so findet diese Frau ihren Weg durch die Menge und berührt Jesu Gewand. Sie tut dies mit aller Vorsicht, denn eigentlich darf sie ja wegen ihrer Unreinheit niemanden berühren. Sie berührt ihn trotzdem, und Jesus spürt, dass aus ihm Kraft entweicht. Er fragt: „Wer hat mich berührt?“, und seine Jünger um ihn herum sagen: „Wie willst du denn hier in dieser Menge rauskriegen, wer dich angefasst hat? Ist ja absurd.“ Aber er spürt's. Und die Frau spürt es auch – eine typische dieser Situationen zwischen zwei Menschen, bei der Hunderte drum herumstehen und sagen: „Wir haben alles beobachtet und trotzdem nichts mitgekriegt.“ Das soll's ja geben.
Diese Frau weiß, dass mit ihr etwas passiert ist. Sie wird gesund. Sie wirft sich nieder und dankt. Und Jesus? Der sagt wieder kurz und bündig: „Nicht ich habe dich gesund gemacht, sondern dein Glaube hat dich gesund gemacht.“ Das war nicht zu erwarten. Aber Jesus macht es ganz deutlich: Glaube versetzt Berge, Glaube macht Dinge möglich, die im rationalen Ablauf nicht möglich wären. Aber gerade das macht diese Geschichte so schwer; zumindest für jemanden wie mich – ich nehme allerdings an, dass ich damit nicht alleine bin –, die herausfinden möchte, wie so etwas möglich sein kann. Vielleicht liegt das daran, dass ich Physik studiert habe und damals glaubte, man könne alles irgendwie erklären. Diese Geschichte lehrt das Gegenteil: Man kann

eben nicht alles erklären. Und inzwischen kann ich sagen: Gott sei Dank; Gott sei Dank kann man nicht alles erklären!
Lassen Sie mich abschließend zusammenfassen, was mir an dieser Geschichte besonders gut gefällt. Es ist dreierlei: Das erste ist, dass sie gerade nicht sagt, der Mensch brauche sich nicht zu mühen und könne einfach warten, dass etwas Wundersames passiert. Im Gegenteil: In dieser Geschichte bemühen sich alle: die Eltern, die versuchen, ihre Tochter zu retten; die Verwandten, die ihnen beistehen; die Frau, die von einem Arzt zum anderen gelaufen ist. Das ist gut so. Es wäre ein Missverständnis, wenn man nach dieser Geschichte meint, man müsse nicht alles versuchen und könne sich darauf verlassen, dass irgendwann ein Wunder geschieht.
Zweitens gefällt mir an der Geschichte, dass sie von Grenzsituationen handelt. Ich wage zu prognostizieren, dass wir in den nächsten Jahren mit einer Vielzahl von Grenzsituationen zu tun haben werden. Gegenwärtig sind es die Fragen nach dem Beginn des Lebens und dem Ende des Lebens, die uns beschäftigen. Vor zehn Jahren waren es andere Fragen, etwa die Debatte um den Paragraphen 218. Erstaunlich dabei ist, wie sich manches der damaligen Probleme aus der Perspektive der aktuellen Debatte um die Gentechnologie heute in einem anderen Licht darstellt. Dabei stellen wir fest, dass wir über Grenzsituationen immer aufs Neue und immer anders sprechen werden. Wir sollten uns dessen bewusst sein, dass unsere heutige Sicht der Dinge nicht für alle Zeiten gültig ist. Vor allem aber sollten wir immer wieder die Frage nach den Grenzen des Lebens stellen. Denn wer kein Verständnis der Grenzen seines Lebens hat, der kann auch sein Leben nicht vernünftig gestalten.
Darüber hinaus werden wir in Zukunft zweifellos noch viel mehr über unser Leben wissen. Wie das Denken funk-

tioniert, wie Emotionen entstehen – all das werden wir eines Tages erklären können. Und trotzdem – und das ist das Ermutigende an unserer Geschichte – wird es vieles geben, das sich der Erklärbarkeit verschließt. Gerade darin unterscheidet sich das Menschsein von allem anderen Leben, und genau dies ist es, was wir als Christen akzeptieren und anerkennen: dass es Dinge gibt, die wir nicht erklären können, nicht erklären wollen, nicht erklären dürfen – und die uns damit in die Verantwortung stellen, andere zu akzeptieren, so wie sie sind. So können wir einfach ein Stück Demut haben – Demut nicht im Sinne von Apathie, sondern im Sinne eines positiven, hoffnungsvoll gestaltenden Sinnes unter dem Eindruck und im Wissen der Unendlichkeit.

Und deshalb – das ist da Dritte, das mir an unserer Geschichte so gut gefällt – sollten wir uns nicht zu viel mit Schwadronieren und Lamentieren aufhalten. Vorbildlich sind diese Stringenz, diese Klarheit, diese Schnelligkeit und diese wenigen Worte, mit den Jesus in den existentiellsten Situationen reagiert: „Gebt dem Kind zu essen!"; „Dein Glaube hat dich gerettet!"; „Fürchte dich nicht!" – immer wieder diese klare, nüchterne Botschaft. Ich sage dies ganz bewusst, weil ich meine, dass auch wir Christen und Christinnen in unserem Land, in der Bundesrepublik Deutschland, immer klar im Auge haben sollten: Wir haben Grenzen, aber wir haben auch einen Gestaltungsauftrag. Wir haben eigene Füße und einen weiten Raum, den wir durchmessen dürfen, aber dieser Raum ist uns nicht zum Greinen, Weinen, Flennen und Lamentieren gegeben, sondern zur verantwortungsvollen Gestaltung.

„Es gibt etwas Höheres als nur den Menschen"

Frau Merkel, die Gretchenfrage: Sind Sie religiös? Woran glauben Sie, und worauf hoffen Sie?
Merkel: Ich bin Mitglied der evangelischen Kirche. Ich glaube an Gott, und die Religion ist auch mein ständiger Begleiter – eigentlich in meinem ganzen Leben – gewesen. Mein Vater war ja Pfarrer, und insofern kenne ich auch das kirchliche Leben sehr gut. Und ich finde es sehr befreiend, dass man als Christ Fehler machen darf; dass man weiß, es gibt etwas Höheres als nur den Menschen. Und dass wir auch aufgerufen sind, die Welt zu gestalten – in Verantwortung für andere. Und dies ist ein Rahmen für mein Leben, den ich sehr wichtig finde.

Warum ist Deutschland kein laizistischer Staat, und was halten Sie persönlich davon?
Ich finde, wir haben das in Deutschland sehr gut organisiert. Wir haben eine Trennung von Kirche und Staat. Aber es gibt seitens des Staates eine – wie man sagt – positive Neutralität gegenüber den Kirchen. Das heißt, wir fördern religiöses Leben, wir freuen uns, wenn Kirchen Verantwortung übernehmen – zum Beispiel in Schulen, in Kindergärten, in vielen caritativen Einrichtungen und im Bereich der sozialen Dienste. Das gehört zu unserem Leben, und das bereichert unsere Gesellschaft.

Zurzeit entstehen sehr viele religiöse Gruppierungen. Dabei haben die Kirchen und das Image der Kirchen leider

stark gelitten. Glauben Sie, die Volkskirche hat noch eine Zukunft? Und wie sollte sich die Kirche verhalten?
Ich glaube schon, dass die Volkskirche eine Zukunft hat. Es gibt viele Menschen, die fragen nach dem Glauben. Ich glaube, die Kirche sollte fit sein, sich auch immer wieder neue Strukturen zu geben. Wir sehen, dass – angesichts von weniger Kirchensteuerzahlern zum Beispiel – auch große Umstrukturierungen in der evangelischen Kirche stattfinden; auch in der katholischen Kirche. Dennoch sind ja die meisten Menschen in Deutschland immer noch Mitglieder einer Kirche. Also, Kirche muss lebendig sein, Kirche muss auf die Menschen zugehen. Sie muss dort ansetzen, wo die Menschen Probleme haben. Und ich glaube, zunehmend müssen die Vertreter der Kirchen bereit sein, immer wieder über Grundfragen des Glaubens zu sprechen. Man kann nicht mehr davon ausgehen, dass alle in der Gesellschaft alles, was wir an kirchlichen Feiertagen, an kirchlichen Bräuchen haben, auch wissen. Und da sollten Kirchen nicht hochmütig sein.

Sie sind bekennende Christin und sprechen auch darüber. Viele empfinden Religion dagegen als Privatsache und sagen, das hat in der Öffentlichkeit nichts zu suchen, sind deswegen auch gegen Religionsunterricht in Schulen. Wird Religion zum Tabu? Wie fänden Sie das?
Auf der einen Seite ist natürlich die Entscheidung, bin ich Christ, bin ich ein Angehöriger einer anderen Religionsgemeinschaft, eine private Entscheidung. Aber ich verstehe zum Beispiel das Evangelium so, dass wir das nicht verschweigen sollten, sondern dass wir schon sagen können, woher wir unsere Kraft für unsere Entscheidungen haben. Und deshalb finde ich es auch gut, wenn Religionsunterricht an den Schulen gegeben wird. Es ist ja nicht ein Un-

terricht wie jeder andere, wo man einfach Wissen lernt, sondern es ist ein Unterricht, der auch etwas mit Bekenntnis zu tun hat. Und deshalb haben wir uns auch entschieden, islamische Theologie oder islamischen Unterricht an den Schulen zu geben und das nicht einfach nur in die Hinterstuben zu verbannen, sondern jedem – auch denen, die einen Glauben haben, der nicht ein christlicher Glaube ist – die Chance zu geben, diesen Glaubensunterricht auch in der Schule zu bekommen.

Wenn es um Ökumene geht, sollte man auch über andere Religionen sprechen. Nun haben aber viele große Religionen einen absoluten Wahrheitsanspruch. Wie kann man damit umgehen?

Ich glaube, man kann damit umgehen. Ich kann mich zu meinem Glauben bekennen, und kann aber auch akzeptieren, dass ein anderer Mensch einen anderen Glauben hat. Wir sollten den Diskurs führen, wir sollten nicht relativieren, wo Glaubensfragen im Zentrum der Debatte stehen, und wir sollten vor allen Dingen uns als Christen auch nicht scheuen, für unseren Glauben einzutreten.

Und wie kann ein Verhältnis aussehen zwischen den Religionen?

Das muss von Toleranz und Respekt getragen sein. Und es muss die Kraft dazu bestehen, auch unterschiedliche Auffassungen zu benennen. Wir brauchen nicht Differenzen einfach zuzudecken, aber man sollte sich auskennen mit anderen Religionen. Man sollte mehr kennen als man nur seine eigene Religion. Und auf der anderen Seite sagen: Ich glaube – zum Beispiel – an den christlichen Gott, und damit kann ich auch anderen auf Augenhöhe gegenübertreten.

Quellen:

S. 6-13: Die Protestantin, Einführendes Porträt von Volker Resing © Alle Rechte beim Autor.

S. 15-21: „Unsere europäische Identität ist zu einem großen Teil christlich" in: Angela Merkel, Europas Werte aus: Rocco Buttiglione / Michael Spangenberger (Hrsg.), Gott ist treu, 1. Auflage 2010, Sankt Ulrich Verlag Augsburg (www.sankt-ulrich-verlag.de)

S. 22-34: „Frieden ist die Mutter aller Entwicklung", Rede der Bundeskanzlerin anlässlich des Internationalen Friedenstreffens am 12. September 2011 in München

S. 36-42: „Der Zusammenhalt der Gesellschaft", Rede der Bundeskanzlerin beim 98. Katholikentag am 18.5.2012 in Mannheim

S. 43-49: „Wir sind verantwortlich für Gottes Schöpfung", Rede der Bundeskanzlerin auf dem 33. Evangelischen Kirchentag am 4.6.2011 in Dresden

S. 50-68: „Macht euch die Erde untertan!", Rede der Bundeskanzlerin anlässlich der Festveranstaltung „50 Jahre Katholische Akademie Die Wolfsburg" am 20.4.2010 in Mülheim an der Ruhr

S. 70-85: „Katholischen Profil im politischen Alltag", Rede von Bundeskanzlerin bei Festveranstaltung „20 Jahre Kardinal-Höffner-Kreis"am 5. Juni 2013 in der Katholischen Akademie in Berlin

S. 86-97: „Den reformatorischen Geist in die Welt tragen", Rede der Bundeskanzlerin bei der 5. Tagung der 11. Synode der EKD am 5.11.2012 am Timmendorfer Strand

S. 98-110: „Man muss also das Richtige und Wichtige entdecken", Rede der Bundeskanzlerin beim Festakt „100 Jahre Evangelischer Pressedienst" am 3.2.2010 in Berlin

S. 112-125: „Vorbilder meines Lebens", Bibelarbeit der Umweltministerin auf dem 26. Evangelischen Kirchentag am 14.6.1995 in Hamburg

S. 126-142: „Pflege der Frömmigkeit", Bibelarbeit der Kanzlerkandidatin auf dem 30. Evangelischen Kirchentag am 25.5.2005 in Hannover

S. 143-156: „Es gibt keinen Anspruch auf Wunder", Bibelarbeit der CDU-Parteivorsitzenden auf dem 29. Evangelischen Kirchentag am 13.6.2001 in Frankfurt am Main

S. 157-159: „Es gibt etwas Höheres als nur den Menschen", Interview von Sophia Schäfer aus Berlin, Studentin der evangelischen Theologie, mit der Bundeskanzlerin

Einführende Texte zu den einzelnen Beiträgen stammen vom Herausgeber.
Die Texte wurden vom Herausgeber bearbeitet und teilweise gekürzt.